경영시리즈 시즌 ❷

창업하고
브랜드를
만든
사람들

brand

우리의 시작과
성장 이야기

우경하 황정현 김태진 박노학 조경순 허안나 전병천
김미나 민금희 주효진 이여명 이은미 최혜경 박소영

도서출판 디오

리얼시리즈 시즌 ②

3

창업하고
브랜드를
만든
사람들

우리의 시작과
성장 이야기

brand

리얼시리즈 시즌 ❷
창업하고 브랜드를 만든 사람들 : 리얼시리즈 3

초판1쇄 발행 · 2023년 12월 20일 발행

지 은 이 · 우경하 황정현 김태진 박노학 조경순 허안나 전병천
         김미나 민금희 주효진 이여명 이은미 최혜경 박소영

펴 낸 이 · 유정숙
펴 낸 곳 · 도서출판 등
총괄기획 · 우경하
관   리 · 류권호
디 자 인 · 김현숙
편   집 · 김은미, 이성덕

주   소 · 서울시 노원구 덕릉로 127길 10-18
전   화 · 02.3391.7733
이 메 일 · socs25@naver.com
홈페이지 · dngbooks.co.kr

정 가 · 18,000원

■ 이 책은 저작권법에 따라 보호받는 저작물이므로 무단 전재와 무단 복제를 금합니다.
■ 이 책의 전부 또는 일부를 이용하려면 저자와 도서출판 〈등〉의 동의를 받아야 합니다.

| 프롤로그 |

내 이름을 건 세상을 만들고
내가 만든 내 브랜드로 사업을 한다는 것

이 책은 14명이 함께 만든 공동저서다. 모두가 다양한 분야에서 창업을 하고 자신만의 브랜드를 만들고 키워가는 사람들이다. 과거의 나도 여러 창업가들을 보면서 '저분은 어떻게 창업을 하게 되었고, 어떤 속마음과 이야기가 있을까?' 가늘 궁금했다.

나와 같은 궁금증을 가진 사람들이 많을 것이라는 생각이 이 책의 시작이었다. 이 책의 목차는 1. 창업 계기 2. 도전과 실행 3. 위기 극복 4. 브랜드 소개 5. 비전과 전망 6. 창업을 꿈꾸는 분들에게 전하는 메시지 순으로 구성되어 있다.

많은 분이 직장을 벗어나 자신만의 멋진 창업을 꿈꾼다. 내 이름을 건 세상을 만들고 내가 만든 내 브랜드로 사업을 한다는 것은 생각만으로도 가슴이 설렌다. 누군가의 눈치를 보고 지시받는 수동적인 일이 아닌 선택권과 주도권을 갖고 새로운 가치를 만들고 싶어 한다.

하지만 경험이 없기에 두렵고 막막하다. 실패에 대한 부담감도 크다. 어떤 아이템으로 누구를 위해서 무엇을 어떻게 해야 할지 감이 오지 않는다. 전체의 큰 맥락을 보지 못하고 일부의 정보로 덜컥 창업했다가 힘들게 모아온 퇴직금만 날리는 쓰라린 경험이란 배움으로 바꾸곤 한다.

나 또한 직장 생활을 15년 했고 1인 지식기업으로 창업하려고 준비하면서 많은 걱정과 불안 그리고 두려움이 앞섰다. 그때 먼저 길을 가고 있는 선배들의 모습은 큰 용기와 희망이 되었다.

언제나 먼저 경험한 사람의 배움과 조언은 우리의 시간과 비용을 절약해주는 효과적이고 좋은 길잡이가 된다. 한 사람의 인생에는 수많은 사연과 스토리가 있고 그들 나름대로 터득한 방법과 노하우가 있다. 우리가 가고자 하는 길을 먼저 걸어간 사람에게 배우는 것이 가장 효과적이고 빠르다고 늘 생각한다.

만나는 사람이 변하면 인생이 변한다는 말이 있다. 우리가 배우고 깨달은 것들을 누군가에게 나누는 것은 이 시대를 살아가는 우리가 당연히 해야 할 의무이자 보람이라고 생각한다. 우리는 모두 그런 마음으로 글을 썼다. 우리의 경험과 배움을 담은 이야기가 우리의 길을 가고자 하는 분들에게 유익한 길잡이가 되길 바라는 마음으로 우리의 좌충우돌 창업과 브랜드 이야기를 시작한다.

100권 작가 나연구소 우경하 대표

목차

프롤로그 6 | 에필로그 278 |

우경하 1인기업 브랜드 나연구소 창업과 3년의 성장이야기   12
내 인생의 주인으로 자유롭고 행복한 인생 살고 싶었다
41살, 퇴사 후 1인 기업 창업에 도전하다
돈이 떨어지니 콘텐츠가 보였다
진짜 나로 살아가는 기쁨을 전하는 나연구소
모두가 성장하고 행복해지는 일
1인 기업이 답이다

황정현 이제 내 사업은 망할 수가 없다   30
문제를 내가 직접 해결해 보자
무의식도 눈치 못 챈 빠른 실행력
날린 돈만 3억, 실패가 가져다 준 최고의 선물
마케팅에 미친 사업가, 갑옷남
프리퀀시 갭을 통한 Givers Gain과 살리는 마케팅
다시 돌아간다면?

김태진 독일 아이디어 가치기업 베에프코리아(주) 창업 이야기   48
내 인생 남에게 묻지 않기로 했다
경험은 일단 시험부터 치르게 한 다음 가르침을 주는 잔인한 교사이다
"The Battery" 쇼핑몰을 폐업후 1,460일, 35,040시간, 총 4년간의 적자를
이겨냈다
Guten Morgen! 100% 독일 아이디어 케미컬, 화학제품의 베에프코리아(주)
2023년은 ESG의 필수 시대이고 객관적 평가 기준이 되는 독일 케미컬
"최초가 되거나, 압도하거나, 전혀 다르거나"

창업하고 브랜드를 만든 사람들
8

| 박노학 | **완벽하게 준비하지 않으면 시작하지 않는다** | 66 |

초보 사장의 시작 (꿈을 현실로)
시작도 요령이다
천연 발효빵 에 커피를 더하다
아무 일도 하지 않으면 아무 일도 일어나지 않는다
무엇이든 당당하게 도전한다
타인의 시선을 신경 쓰지 마라

| 조경순 | **1인기업 나눔실천컨설팅 성장 스토리** | 84 |

내가 잘할 수 있는 강사로 행복한 삶을 설계하고 싶었다
IMF 후 강사로 1인 기업에 도전하다
새로운 강의 콘텐츠 개발
나눔실천컨설팅
함께 성장하고 동행하는 길
도전과 배움 나눔의 끈을 놓치지 말자

| 허안나 | **사회를 변화시키는 교육실험 〈경험디자인실험실〉** | 104 |

함께 자라기 위해 선택한 1인 사업가의 길
파트너십을 통해 찾은 잠재력
잘 해내고 싶다는 마음이 독이 되는 경험
더 나은 삶으로의 경험디자인
곁에 두고 싶은 브랜드가 되겠습니다
다른 사람의 성공에 기여하기

| 전병천 | **오픈채팅방으로 경제적 자유와 모두의 행복찾기** | 122 |

돈이 나를 저울질 할 수 없는 인생을 찾았다
44살, 1인 기업 창업에 도전하다
나를 찾아주는 고객을 위한 삶
고객 중심의 마인드 메이커 성현쌤
모두가 성장하고 행복해지는 일
1인 기업이 답이다

| 김미나 | **마쿠. 마구마구 손이 가고, 맛있는 쿠킹수업**   142
육아휴직 후 돌아갈 자리가 없어지다
퇴사 후 자기계발과 자격증에 도전하다
잘못하는 것도 긍정적으로 보자
마쿠. 맛있는 쿠킹수업
아이들에게 요리로 즐거움, 자신감, 꿈을 피워 줄래요.
후회되지 않게 현재에 집중하자

| 민금희 | **30살 청년, 김산업에 뛰어들다, 헤이김 창업스토리**   160
30살, 새로운 방황
새로운 인연은 새로운 기회를 만들어준다
시작이 반이다
최고급 원초와 한정수량생산으로 매일이 신선한 김, '헤이김'
이커머스(E-commerce)는 이제 시작이다. 기회를 잡아라!
"알은 세계이다, 태어나려는 자는 세계를 깨뜨려야 한다"

| 주효진 | **온라인 커머스 브랜드 '압투스' 창업기**   180
늘 떠들고 다니던 나의 꿈 실행하기
일단은 실행 먼저, 결정은 나중에
경쟁 사회에서 싸우지 않고 이기는 법
쓸모 있는 무언가 '압투스'
언택트 소비 시대
생각보다 먼저 행동하라

| 이여명 | **신불자였던 내가 7년 만에 연매출 20억 CEO가 된 결정적인 이유**   200
나는 특별해지고 싶었다
넘쳐나는 행운이었다
도망쳐 도착한 곳에 낙원은 없다
뷰티, 프랜차이즈 마케팅 전문기업 유니드코퍼레이션
고객의 결핍을 해결하고 성장을 이끌어낸다
나만의 브랜드로 서행 차선에서 벗어나라

| 이은미 | 교육의 길, 창업의 꿈을 이룬 그림책 브랜드의 성장 이야기　218
그림책을 통한 창업의 꿈을 꾸다
그림책 컨텐츠 개발로 나아가는 첫걸음
직장과 창업 병행의 도전과 역경
그림책 컨텐츠 개발에서의 함께 배우고 나누며 성장하는 곳
그림책 컨텐츠 확장과 평생교육사의 사회적 기여
꿈을 이루기 위해 끊임없는 도전과 배움의 중요성

| 최혜경 | 아이 셋맘 전업 주부에서 N잡러되다!　238
내가 하는 모든일이 브랜딩이 된다
엄마는 꿈이 뭐냐고 물었다
세상 밖으로 한걸음 한걸음 일하는 사람에서 돈 버는 사람이 되고 싶었다
포기만 하지 않는다면 내 자리는 있겠다
SNS 공동구매 판매셀러(CHOI:SYS 초이시스)이자 식품을 제조하는 대표(한위가)
다양한 컨설팅으로 도움을 주고싶었다. 그랬더니 내 길이 더 많아졌다
온라인상으로도 진심은 통하더라

| 박소영 | 찾아가는 기업 건강증진서비스, 웰니스랩 박소영 작가 256
내 건강은 누가 챙겨주나?
0원으로 창업을 시작하다
태도가 기업을 만든다
기업건강증진 컨설팅 회사, 웰니스랩
웰빙에서 웰니스로 헬스케어 혁신
하고 싶은 일을 직업으로 만드는 방법

○ 나연구소 대표
○ 출판사 인생이변하는서점 대표
○ 전자책출판 코칭 강의 전문
○ 공동저서 기획출판 전문
○ 전자책출판지도사 책쓰기코치 양성
○ 작가, 강사, 1인 기업 사업가

이메일 dancewoo@naver.com
블로그 https://blog.naver.com/dancewoo
연락처 010-7533-3488

우경하

01

1인기업 브랜드 나연구소 창업과 3년의 성장이야기
41살에 시작한 초보 창업가의 자유와 행복 찾기

나를 몰라 힘들었던 결핍과 질문, 마음 관찰, 글쓰기로 나를 알아갔던 경험을 통해 [나연구소]를 설립했다. 모두가 진짜 나, 최고의 내가 되는 세상을 꿈꾸고 있다.

1인 기업 사업자, 작가, 강사로 활동하고 있으며 전자책 출판 코칭과 강의, 공동저자 출판 프로젝트 리얼시리즈를 통해 책 출판이 필요한 사람들의 성장을 돕고 있다. 지금은 전자책출판지도사 책쓰기 코치 자격증 과정을 통해 사람을 리더로 세우고 있다.

"당신이 가장 소중합니다." "책은 보는 것이 아니라 쓰는 것이다." "1인 기업이 가장 거대한 기업이다." 이 3가지 메시지를 세상에 글, 강의, 책, 영상, 프로그램 등으로 전하고 있다.

1인 기업 브랜드 나연구소 창업과 3년의 성장이야기

내 인생의 주인으로 자유롭고 행복한 인생 살고 싶었다

열심히 살았지만 행복하지 않았다. 어린 시절부터 학교, 사회, 직장에서 부모님과 선생님 그리고 어른들에게 보고 듣고 배운 대로 그저 남들처럼 살았다. 하지만 내 모습은 내가 원하는 모습이 아니었다. 무엇을 잘 못했는지 몰라 혼란스러웠고 답답했다. 시간이 지난 뒤 나는 알게 되었다. 나의 잘못은 내가 나를 모른다는 것이었다. 내가 누구인지, 어떤 사람이 되어 어떤 인생을 살고 싶은지 난 몰랐다.

고향 안동에서 군 제대 후 출세의 꿈을 안고 서울로 올라왔다. 내 나이 25살이었다. 군대 동기의 집이었던 서울 시흥에서 하루 신세를 지고 고시원 생활부터 시작했다. 나의 첫 서울 일은 동대문 두산타워 8

층에 있는 빵집 아르바이트였다. 그 후 직업전문학교 실내디자인과를 다녔고 졸업 후 그곳에서 소개해준 작은 인테리어 회사에 취직했다.

의욕적으로 열심히 했지만 야근이 많았고 한 달에 한 번 겨우 쉴 정도로 일이 힘들었다. 1년 정도 다니고 퇴사했다. 그 후 캐리어 자판기 영업사원, 유한킴벌리 대리점 배송 직원 등을 거쳐 12년 간 근무한 전 직장인 LED 조명 제조 회사에서 영업관리 일을 하게 되었다.

그 회사는 중소기업이었고 내가 다닌 회사들 중에 직원이 제일 많았고 매출도 500억 정도 했다. 영업부에서 업체 관리, 현장관리 납품, A/S 등의 일을 했는데 일도 잘 맞고 회사의 사람들도 좋아서 오래 다닐 수 있었다.

41살, 퇴사 후 1인 기업 창업에 도전하다

무자본 창업을 1년 멤버십으로 알려주는 곳을 만났다. 나는 그곳에서 무자본 창업의 본질과 가치를 배웠다. 1년간 블로그와 카페의 글들, 책과 유튜브 영상 등으로 공부를 했고 한 달에 한 번씩 진행되는 오프라인 포럼에 참석했다. 어쩌면 이곳을 만난 것이 내 인생 최고의 행운이자 터닝포인트였다. 잘못된 사람들을 만나 원치 않는 길로 빠지고 실패하는 경우도 많은데 나는 처음부터 너무도 좋은 곳을 만난 것이다. 그곳에서 많은 것을 배우고 성장했고 새로운 세상을 만났다.

'만나는 사람이 변하면 인생이 변한다'는 말처럼 새로운 사람들과의 만남은 생각과 행동을 변화시켰다. 내가 만난 1인 기업가들은 기존에 내 인생에 없던 사람들이었다. 그들은 자기 자신과 자신을 일을 사랑하고 있었고 배움과 도전에 열정적이었다. 자기계발과 성장을 위해 책을 보고 책을 썼고 강의를 듣고 강의를 하고 자신의 경험 배움 노하우를 콘텐츠로 만들어 자신만의 멋진 사업을 하고 있었다. 모두 작가, 강사, 사업가들이었다. 그들이 너무 멋지고 부러웠다. 나도 그들처럼 되고 싶었다.

그때부터 그들의 생각과 행동을 따라 하기 시작했다. 책 『부의 추월차선』을 통해 내가 그동안 소비자의 삶의 살아왔다는 것을 알았고 생산자가 되기로 결심했다. 블로그를 만들고 내 생각, 마음, 감정을 관찰하고 일상을 기록하기 시작했다. 다양한 강의를 들으며 배우고 나를 성장시켰다. 마음의 소리를 들으며 살아야 한다는 것과 나를 아는 것이 가장 중요하다는 것을 깨달았다. 그렇게 오랜 시간 타인에게, 밖으로만 향하던 내 마음의 시선이 내 안으로 옮겨지면서 내 안에 있는 많은 것을 보게 되었다.

내게 집중하며 꾸준히 블로그에 글을 썼다. 글을 쓰며 나와 내가 원하는 것들을 꾸준히 찾아갔다. 기존에 보이지 않던 내가 보이기 시작했다. 내가 원하는 것이 내면과 외면의 성장 그리고 행복임을 알게 되었다. 과거의 나는 내성적이고 소심했기에 생각과 감정을 잘 표현하지 못했고 남들의 눈치를 많이 보았다. 내면에 쌓인 것들이 많았다. 그런 내가 글을 쓰면서 많은 감정의 해소와 가벼워짐을 경험했다. 그렇게 나는 자기 발견과 글쓰기의 매력을 알아갔다.

꾸준하게 블로그에 글을 쓰면서 시간이 날 때마다 나를 변화시키려고 노력했다. 성장과 성공을 위해서는 배움과 교육이 필요하다는 것을 깨달아 내게 투자를 시작했다. 자기 계발서 책도 꾸준히 사서 보고 내가 원하는 인생을 사는 사람들을 만나러 다녔다. 17년도에 책 쓰기 프로그램에 참가하여 짧은 글의 전자책을 썼다. 내가 책을 쓰다니 너무도 신기했다. 시간이 흘러 내 마음은 직장이 아닌 1인 기업, 나만의 사업으로 점점 기울어갔다.

그 당시 이런 내 변화를 아내와 직장 동료들은 의아한 눈빛으로 바로 보았다. 주변에 이런 사람들이 흔치 않았기 때문이다. 내가 하는 이야기를 아내는 이상하다며 꼬박꼬박 월급 나오는 직장이나 잘 다니라고 했다. 하지만 이미 내 마음의 결심은 확고해져갔다. 40세의 어느 날 회사에서 납품한 물건이 잘못되어 큰 금액이 반품되는 일이 생겼다. 그 일을 해결하기 위해 1주일 넘게 공장과 현장을 오가며 무리했더니 과로로 스트레스가 겹쳐 우울증이 찾아왔다.

평소 조금씩 쌓여왔던 생각과 이런저런 일들이 모여 직장에서 마음이 떨어지기 시작했다. 아직 사업을 위한 준비도, 수익화도 되어 있지 않았지만 더 늦으면 후회할 것 같은 생각에 용기 내어 퇴사를 하고 1인 기업 창업에 도전했다. 내 나이 41살이었다.

돈이 떨어지니 콘텐츠가 보였다

환경의 중요성을 실감했다. 자리가 사람을 만든다는 말도 같은 말이다. 1인 기업이라는 환경은 내가 성장하지 않으면 안 되는 환경이다. 나는 오랜 직장 생활에서 벗어나 내가 성장할 수밖에 없는 환경을 나 스스로 만들었다. 내가 정말 좋아하고 잘하는 일을 찾아서 열정적으로 하고 싶었다. 내 안에 꿈틀 대고 있는 무한한 잠재력과 가능성을 모두 끌어올리고 한계에 도전하고 싶었다. 나는 가족을 책임져야 하는 가장이었기에 잘 해야 만하는 환경에 놓여 있었다.

자신감과 막연한 기대를 갖고 용기 내어 퇴사를 했지만 사업이라는 것이 쉽지는 않았다. 우선은 퇴사할 때 받는 약 6000만 원 정도의 퇴직금으로 1년 정도는 배움의 시기를 갖기로 했다. 인풋이 있어야 아웃풋이 있기 때문이다. 하루만에 책쓰기, 강의 교육, 1인기업 교육 등 다양한 곳을 다니며 1인 기업으로 성장하기 위해 교육과 배움에 많은 돈을 투자했다. 처음에는 퇴직금도 많이 남아있고 그동안 쉼 없이 열심히 살아온 나에게 휴식을 준다고 생각했다.

처음 몇 달간은 돈을 번다는 생각보다 배움이 시기로 여겼다. 홀가분한 마음으로 편하게 지냈다. 실행이 좋았던 나였기에 이런저런 강의도 해보고 독서 모임 등 1인 기업가들이 하는 대로 프로그램도 만들어 보았다. 하지만 큰 수익은 되지 않았고 몇 달이 지나자 상황이 달라졌다. 생각보다 퇴직금이 빠르게 바닥을 드러냈다. 아파트 대출금과 보험료, 공과금과 생활비 등이 계속 빠져나가면서 1년도 채 되지 않아 퇴직금이 얼마 남지 않은 상황이 왔다.

돈이 떨어지자 초반의 여유는 사라지고 조급해졌다. 무모하고 아무 대책 없이 회사를 그만둔 건 아닌가 후회도 밀려왔다. 하지만 내가 선택할 길이기에 내색할 수 없었다. 여전히 수익은 미미했고 자존감은 계속 떨어졌다. 이대로는 안되겠다는 생각이 들었고 무엇이라도 해야 한다는 불안감이 엄습했다. 아르바이트를 해야겠다는 생각이 들어 알바몬을 보기 시작했다. 이런 나 자신이 한심했다.

그렇게 알아보다 코웨이 매트리스케어 일을 하게 되었다. 몇 달간 무거운 청소기를 들고 다니면서 침대 매트 청소를 했다. 첫 달만 조금 돈이 되고 이 일도 크게 수익이 되지 않았다. 무엇보다 장비가 무거웠다. 결국 팔에 무리가 와서 그만두었다. 몸 쓰는 일을 경험하면서 역시나 지금 내 일에 집중해야 한다는 것을 크게 느꼈다. 나만의 콘텐츠와 수익모델을 찾아야 했다. 위기 상황이었고 궁지에 몰렸다.

내게 질문했다. '내가 잘하는 것은 무엇일까?' '내 경험으로 사람들에게 무엇을 줄 수 있을까?'를 찾았다. 그제야 내가 보였다. 내게는 20년부터 시작한 하루만에 책쓰기 프로그램을 통해 하루에 전자책 한 권을 완성해 본 40번에 넘는 경험과 ISBN을 받아 출판한 경험 그리고 네이버 인물 등록을 한 경험이 있었다. 이 경험으로 전자책 출판 강의 자료와 4주 과정을 만들어서 시작했다. 온라인으로 2시간씩 4주에 25만 원 가격으로 프로그램을 세팅하고 블로그에 포스팅을 한 뒤 여러 단톡방 등에 홍보했다.

감사하게도 7명이 등록을 했다. 쉽게 설명하는 내 방식과 용기와 자신감을 먼저 심어주고 내가 쓴 샘플과 양식들을 주며 수업했더니 참가자들의 결과물이 나기 시작했다. 꾸준히 과정을 진행하면서 주변에 전자책 출판 전문가로 입소문이 나기 시작했다. 그 후 종이책 공동 저서 프로젝트 리얼시리즈까지 진행하면서 조금씩 사업이 안정화되기 시작했다.

진짜 나로 살아가는 기쁨을 전하는 나연구소

내가 만든 브랜드 나연구소의 사명은 '진짜 나, 최고의 내가 되고 싶은 분들에게 나연구소의 철학과 프로그램으로 나로 살아가는 기쁨과 행복을 전한다'이다. 나연구소의 핵심 슬로건은 '당신이 가장 소중합니다.' 이다. 나연구소는 모두가 내 인생의 주인으로 자유롭게 행복하게 살아가는 세상을 꿈꾼다. 나연구소는 오랜 시간 내가 나를 몰라 힘들었던 결핍과 내가 나를 알아가기 위해 했던 수많은 질문, 마음 관찰, 글쓰기를 통해 이 땅에 태어났다.

내 안에서 나연구소라는 이름을 발견한 것은 매우 놀랍고 신비한 일이었다. 나를 알기 위해 질문하고 내 마음을 관찰하며 글을 쓰던 어느 순간 '내가 나를 연구하고 있구나' '나연구' '나연구소' 라는 이름이 내 생각 속에서 떠올랐다. 그 당시는 막연했지만 어떤 운명과 사명 같은 느낌이 들었다. 그때부터 블로그 명을 나연구소로 바꾸고 꾸준히 글을 쓰기 시작했다. 지금도 주변에서 이름을 참 잘 지었다는 칭찬을 많이 받는다. 지금 나연구소 이름은 특허청에 상표권 등록이 되어있다.

나연구소의 사업모델은 자기발견, 책 출판, 1인기업 코칭 이렇게 3가지다. 모두의 나가 가장 소중한 존재이고 모두가 내 인생의 주인이라는 가치와 메시지를 글, 책, 강의, 영상으로 전한다. 평생 인세 받는 전자책 출판 강의와 4주 과정, 공동 저서 종이책 출판 프로젝트를 통해 꾸준히 책 출판과 작가 되기를 원하는 분들의 꿈을 이루어주고 있다. 나 또한 매우 보람이 크다. 그동안 300분이 넘는 예비 작가님들의 책 출판을 도왔고 목표는 10,000명의 작가 배출이다. 리얼시리즈는 지금까지 9권의 종이책을 출판했고 10, 11편 프로젝트가 진행 중이다. 리얼시리즈는 종이책 출판과 전자책 출판 그리고 네이버 인물등록까지 함께 패키지로 진행하다 보니 참여하시는 분들의 만족도가 높다. 2~3편 이어서 참가한 분들도 많이 계셨고 주변 지인분들도 소개를 많이 해주신다. 50편까지 진행이 내 목표다.

또 올해 나연구소를 민간자격증 발급업체로 등록한 후 국내 최초로 '전자책출판지도사'라는 자격증 과정을 만들었다. 나처럼 각 지역에서 전자책출판 코칭과 강의를 할 수 있게 도와주는 과정이다. 7개월만에 제주, 부산, 울산, 대구 등의 지역에서 15명의 코치님들이 보며 벌써 개인 코칭과 4주 과정 기관수업 들을 통해 수익을 내고 계신다. 내 목표는 내년까지 50명의 코치님들을 양성해서 다 많은 분에게 책출판의 기쁨을 전하고 코치님들의 콘텐츠 발굴과 수익화에 도움을 줄 예정이다.

꾸준히 노력한 결과 올 한 해는 전자책 출판과 공동저서 출판 프로젝트 분야에서 인지도를 쌓았고 사업도 안정화가 되었다. 지금은 그동안의 경험과 노하우를 바탕으로 일을 좀 더 효과적으로 하기 위해 자동화마케팅과 고객관리 방법도 공부하고 있다. 앞으론 나 혼자 많은 일을 다 진행하기보다 다양한 분들과 협업하고 분업해서 함께 더 큰 가치를 만들어 갈 계획이다. 또 나도 많은 책을 썼고 함께 한 분들의 전자책이 나오고 있으니 소개하고 판매하는 홈페이지도 만들어볼 생각이다.

올해는 책 출판 쪽 일이 많아 내가 계획한 나연구소의 핵심 메시지와 가치를 담은 세미나와 하고 싶은 1인 기업 코칭 과정을 체계적으로 만들지 못했다. 내년에는 효과적으로 시간과 에너지를 잘 분배해서 이 3가지 일에서 깊이를 더하고 싶다. 내가 하고 있는 중요성과 필요성 그리고 가치를 잘 알기에 책임감 또한 크다. 나연구소와 함께하는 분들이 나의 소중함과 가치를 발견하고 모두가 자기 인생의 주인이 되어 진짜 나로 살아가는 기쁨을 누리길 원한다. 기존에 세상에 없던 가치를 만들어 나가는 것에 자부심이 있고 우리 모두의 미래가 참 기대된다.

모두가 성장하고 행복해지는 일

1인 기업으로 창업하고 사업을 하면서 큰 꿈을 꿀 수 있게 되었다. 1인 기업이 가진 큰 강점인 빠른 결정과 창의성을 활용해서 다양한 일에 마음껏 도전해보고 실행해 볼 수 있어서 좋았다.

모든 것을 나 스스로 선택하고 판단할 수 있기에 떠오른 아이디어들은 바로 실행해 보고 고객과 시장의 반응을 보며 더 나은 방향으로 수정 보완하며 계속 발전시켜 나갈 수 있었다.

우리는 사업가들인 동시에 사람들이 원하는 자유롭고 행복한 인생을 살도록 도움을 주는 리더들이다. 누군가를 가르치는 사람은 지속적으로 정보와 지식을 전달해야 하는 환경 때문에 끊임없이 자신을 성장시키고 배우며 자기 계발을 한다. 다양한 공부를 하고 책을 보고 교육을 받는다. 사람들 앞에 서는 일이기에 몸가짐과 행동을 바르게 하게 되고 인생을 올바르게 살 수밖에 없다. 직장인 시절 나를 가장 힘들게 한 것 중 하나는 반복된 업무 속에 성장이 멈추고 소모되는 기분이었다. 사업을 하면서 매 순간 성장하고 있고 더 나은 내가 되고 있어서 좋다.

1인 기업의 장점은 많다. 무엇보다 초기 비용이 크지 않다. 오프라인 창업처럼 일반적으로 들어가는 매장 임대료, 인테리어 공사비, 재료비, 인건비 등이 들어가지 않는다.

다만 자신만의 콘텐츠와 비즈니스 모델 그리고 수익구조를 만들기 위한 자기 노력과 배움과 교육에 대한 시간과 비용 투자는 반드시 필요하다. 그리고 모든 일이 그렇지만 배운 것을 얼마나 내 것으로 만들고 활용하고 써먹느냐에 따라 성과는 달라진다. 또 좋은 점은 우리의 이력과 성과가 누적되고 계속 쌓여간다는 것이다. 꾸준히 하다 보면 강의와 코칭, 프로그램 운영의 실력과 노하우가 계속 늘어난다. 그렇기에 누적의 힘으로 내가 들이는 노력과 시간을 계속 줄어들면서 효과적인 성과를 낼 수 있다. 한번 만들어 놓은 강의 자료와 프로그램들은 계속 수정 보완하면서 업그레이드하면 된다. 다양한 사례를 접하기에 경험과 노하우가 쌓여간다. 선순환이 되는 것이다.

온라인 상에 후기와 좋은 평판들이 쌓이고 입소문이 나면 고객들이 나를 소개해 주기고 하고 고객들이 알아서 찾아오는 경우도 많다. 그리고 주변의 다양한 전문가분들과 협업해서 더 큰 가치를 만들어 갈 수도 있다. 이 일의 무엇보다 좋은 점은 사람들을 행복하게 돕는다는 보람과 만족이다. 나와 내 일로 사람들이 원하는 것을 이루게 도움을 주고 그들에게 감사 인사를 받고, 그로 인해 수익 날 때마다 내 일에 큰 자부심과 성취감을 느낀다. 좋아하고 잘하는 일을 하면서 좋은 사람들을 만나고 세상을 이롭게 하는 행복한 직업이 우리 1인 기업 사업가들의 일이다.

물론 우리 일에도 경쟁이 있고 잘하는 사람과 그렇지 못한 사람들과 편차는 존재한다. 이것은 무한 경쟁과 무한 공유의 세상이라 모두가 동일한 조건이라고 생각한다. 그렇더라도 사람은 모두 다르기에 진성성 있게 일한다면 나와 결이 맞는 사람들은 나를 찾게 되어 있다. 최근 나를 찾는 분들이 더 다양해지고 있다. 젊은 친구들을 비롯해서 3040직장인, 퇴직과 은퇴를 앞둔 분들, 4060주부 등 많은 분들이 자기발견, 책 출판, 1인 기업에 관심이 많다.

앞으로 이런 수요는 계속해서 늘어날 것이다. 기존에 많은 분들이 하던 식당이나 편의점, 치킨집 등의 폐업률이 높다는 것은 많은 분이 알고 있다. 세상이 빠르게 변하고 있다. 우리의 평균 수명은 늘고 있는 반면 직장의 은퇴 시기는 빨라지고 있다. 세상이 삭막해지고 빨라지면서 큰 기업들이 할 수 없는 일이 많이 필요하다. 사람과의 정을 느낄 수 있고 섬세한 관리를 원하는 환경도 1인 기업들이 점점 할 일이 많다는 것을 보여준다.

1인 기업이 답이다

1인 기업으로 창업해서 사업을 시작한 지 3년 차가 되었다. 그동안 많은 성장을 경험하고 배움을 얻었다. 창업이란 분명 힘든 일이다. 수익이 나지 않아 힘든 시간도 있었다. 내가 좋다고 생각하는 내 상품의 가치를 몰라 보는 사람들에게 야속한 마음이 들기도 했다. 하지만 힘든 만큼 보람과 만족도도 크다. 내가 생각하는 보람과 만족은 나와 내 고객들의 성장과 행복이다. 우리의 일은 모두가 성장하고 행복해지는 일이라는 만족과 자부심이 있다.

1인 기업가들은 자신의 경험 배움 노하우를 콘텐츠라는 상품과 서비스로 만든다. 눈에 보이는 유형의 상품보다 가치를 전달하는 무형 상품의 비중이 크고 교육 쪽에 많은 포커스가 맞추어져 있다. 주로 강의, 코칭과 상담, 교육 프로그램 운영 등을 통해 수익을 만든다. 그 외에도 전자책 판매, 강의 영상 판매, 자격증 과정 운영 등 다양한 수익모델로의 발전에 가능하다.

1인기업으로 성장 성공하고 행복한 사업가가 되기 위해서는 자존감, 자기관리, 꾸준함, 나에 대한 이해, 실행력, 배움, 체력, 마케팅, 글쓰기, 표현력, 사람에 대한 관심과 이해 등이 필요하다. 나도 이런 요건들을 갖추기 위해 노력하고 있다. 그중에 가장 중요한 것을 꼽자면 역시나 사람이다. 나라는 사람과 고객이라는 사람에 대한 관심과 이해 그리고 애정이 가장 중요하다고 생각한다 1인 기업을 하기 위해서 꼭 필요한 3가지 기본 조건은 나, 고객, 상품이다. 3가지가 명확해지고 나면 나머지는 만들어 나가기기 쉬워지다.

첫 번째는 당연한 이야기지만 내가 있어야 한다. 사업을 하는 나라는 사람이 있어야 한다. 나라는 사람이 왜 1인기업을 하려고 하는지? 내가 원하는 것이 무엇인지? 내 강점이 무엇인지? 내 내가 내 고객들에게 무엇을 줄 수 있는지? 끊임없이 질문하고 스스로 찾아내는 노력과 시간이 필요하다.

두 번째는 고객이다. 모든 사업의 기본은 내 고객이 누구인지를 정하는 것이 시작이다. 제품과 프로그램을 만들기 전에 고객을 먼저 정하면 그게 맞는 아이디어가 생긴다. 세상의 모든 상품은 사람을 위한 것이다. 그들이 무엇을 원하는지 알아야 한다. 많은 마케팅 책들에서 고객의 중요성을 강조한다. 어쩌면 이것이 가장 큰 사업의 본질이다. 내게 돈을 내는 것도 고객이다.

세 번째가 상품이다. 나를 찾고 고객을 정했다면 내 경험과 배움들 담아 나만의 상품과 서비스를 만들 수 있다. 내 결핍과 경험 그리고 배움 속에 콘텐츠가 있다. 중요한 것은 너무 완벽하려고 하지 말고, 모두를 만족시키려 하지 말고 작게라도 바로 시작해 보는 것이다. 지금 크게 성공한 사람들도 모두 시작이 있다.

'처음은 미약하나 나중은 창대하리다.' 는 말처럼 바로 사람들이 내 가치를 못 알아본다고 상심하기 보다 진정성 있게 꾸준히 진행하고 발전시켜 나아가다 보면 분명 그 가치를 알아보는 사람들이 늘어난다. 3년간 1인 기업을 경험하면 많은 것을 배우고 성장했다. 내가 원하는 내가 되고 있어 매우 만족스럽고 행복하다. 나와 내 브랜드인 나연구소를 통해서 모두가 진짜 나로 살아가는 행복과 기쁨을 누리길 원한다. 내 경험과 이야기가 1인 기업으로 자유와 행복한 인생을 꿈꾸는 분들에게 길잡이가 되고 희망이 되길 원하고 희망한다.

○ 주식회사 줄갭 대표
○ 유엑스 대표
○ 한국항공대학교 취업 & 창업 멘토
○ 반려 용품 1위 브랜드 '페스룸' 마케팅&물류 자문
○ 정부 지원 사업 누적 1억 5천만 원이상
    - 2021 예비창업패키지 최우수기업 선정
    - 2022 스포츠 예비초기 지원사업 선정
    - 2021 새로운 경기 창업공모전 장려상
    - 2022 글로벌 이노베이터 페스타(GIF) 우수상
○ 네이버 & 유튜브 검색: 갑옷남
○ 연성대학교 통합건축 ICT마이스터 과정
  '스마트마케팅' 겸임교수
○ 클래스 101 지식창업 강사

이메일 ceo@zulgap.kr
블로그 https://blog.naver.com/ff1030
연락처 010-9152-5132

황 정 현

02

이제 내 사업은 망할 수가 없다
학벌에 미쳤던 N수생이 마케팅에 미친 사업가가 되기까지

"저는 마케터가 아닙니다. 마케팅에 미친 사업가입니다."

나의 캐치프레이즈다. 나는 마케팅을 전공하지도, 마케팅 회사를 다녀본 적도 없다. 정말 내 사업이 망할 것 같아서 미친듯이 마케팅을 공부하고 실전했다. 그렇기에 나는 누구보다도 사업가의 마음으로 마케팅을 바라본다.

30살, 연봉 5천만 원의 안정적인 직장을 그만두고 호기롭게 시작한 창업. 야망은 컸으나 동업자의 이별로 시작도 못해보고 접어야만 했다. 할 수 있는 거라곤 노력밖에 없던 나는 그렇게 미친 듯이 책을 읽기 시작했다.

그렇게 깨달은 것이 바로 '프리퀀시 갭'
단 하나의 깨달음을 얻고 나는 사업체 2개의 대표가 되었다.
그리고 나는 이제 절대 망하지 않는다.

이제 내 사업은 망할 수가 없다

문제를 내가 직접 해결해 보자

세일즈맨이 꿈인 사람은 많이 없을 것이다. 그 이유는 영업하면 소위 '을'의 되어 비위를 맞추거나 술을 마시는 모습이 가장 먼저 떠오르기 때문일 것이다. 하지만 나는 그런 '을'을 자처하는 조금은 독특한 사람이었다. 그런 내 특성은 결국 창업으로 이어졌다.

학벌에 미친 N수생이었던 나는 재수의 실패 후 편입학을 통해 원하던 대학에 입학했다. 25살이 되어서야 대학생이 된 것이다. 그렇게 취업이 잘 된다는 물류학과에 진학했다. 학과 덕분인지 취업은 한 번에 성공했다. (사실 취업 준비도 매우 치열하긴 했다.)

그렇게 들어간 회사는 말하면 누구나 알 만한 중견기업이었다. 나는 바로 영업팀으로 발령을 받았다. 물류 회사는 크게 운영부서와 영업부서로 나뉜다. 대부분 신입사원은 운영부서를 지원하지만 나는 영업부를 선택했다. 그저 사람을 만나는 것이 좋았기 때문이다. 하지만 실제로 영업 직무를 하면서 영업일이 매우 전문적이라는 것을 느꼈다. 나에게 영업은 단순히 '사주세요'가 아닌 고객의 문제점을 면밀히 파악하고 '솔루션을 제안' 하는 일이었다. 인정욕구와 성공에 대한 욕심이 컸기에 남들보다 빠르게 성과를 내기 시작했다.

그렇게 약 3년이 지나자 회사에서 일 잘하는 사원으로 인정받았다. 그러던 어느 날, 우리 나라가 백의 민족이 아니라 '배달의 민족'이라는 걸 깨닫게 해준 한 업체에서 입찰경쟁(이하 비딩) 참가 요청이 들어왔다. 해당 비딩은 식료품이 중심이었다. 내가 일했던 회사는 주로 의약품, 의료기기, 화장품 등 헬스케어 전문이었기 때문에 식품 분야 경험은 전무했다.

팀장님은 해당 비딩을 포기할 것을 권유했지만 도전정신이 강했던 나는 혼자서라도 준비하겠다며 당당하게 요구했다. 보통이라면 TF(태스크포스)가 꾸려져야 할 큰 비딩이었지만 타 부서의 후배 1명과 단둘이서 비딩을 준비했다. 선후배, 지인을 총동원하여 준비한 결과 최종 2개 업체에 선정되었다. 해당 비딩은 2021년에 진행된 비딩 중 국내에서 손에 꼽히는 규모의 거대한 프로젝트였다. (연간 물류비만 200억 규모였다.) 최종 결과는 회사 내부의 환경적인 문제로 결국 고배를 마시게 되었다. 하지만 최선을 다했기에 후회는 없었다.

이때부터 회사라는 울타리 안에서 문제를 해결한다는 것이 한계로 다가오기 시작했다. '세일즈맨은 고객의 문제를 해결하는 전문가인데 회사라는 정해진 리소스를 가지고 해야 한다.' 라는 한계를 느끼기 시작했다. 또 그 시점에 읽은 책이 바로 직장인의 금서라고 불리는 『부의 추월차선』이었다. 그 책을 읽은 후 처음 든 생각은 '내가 직접 솔루션을 만들어서 고객의 문제를 해결해보면 어떨까?' 였다.

그렇게 몇 달을 고민에 빠져지냈다. 안정적인 회사를 그만두고 새로운 무언가를 한다는 것에 심적으로 크게 부담이 되었다. 그렇게 고민만 하고 있자, 당시 결혼을 준비 중이던 지금의 와이프가 이렇게 말했다. "나는 오빠가 크고 안정적인 회사를 다니기 때문에 결혼하려는 게 아니야, 오빠의 능력을 보는 거지. 오빠를 믿어. 도전해!" 나는 아내의 응원과 믿음에 힘입어 퇴사 후 창업을 하게 되었다.

무의식도 눈치 못 챈 빠른 실행력

새로운 영감이 떠올랐을 때 우리는 당장이라도 날아갈 듯한 기분이 든다. 하지만 곧 현실로 돌아와 '이게 안되면 어쩌지?' 라는 두려움에 휩싸이곤 한다. 나는 그런 두려움이 찾아오기 전에 '지금 바로'

실행했다. 지금부터는 내가 무작정 실행했던 경험에 대한 이야기다.

퇴사를 준비 중이던 시절 가장 먼저 시작했던 스마트스토어 이야기다. 당시 유튜브에 신사임당의 창업다마고치가 크게 유행했다. 그 영상을 보고 나는 '스마트스토어를 해야겠다.'라고 마음먹었다. 네이버의 키워드 검색 데이터를 분석하던 나는 '마스크 목걸이'가 급격하게 상승하는 걸 발견했다.

당시 코로나가 막 터지면서 '마스크 목걸이'라는 아이템이 처음 시장에 나오던 시기였다. 나는 당장 마스크 목걸이를 어떻게 만드는지 조사했다. 동대문 상가에서 재료만 사 오면 생각보다 쉽게 만들 수 있을 것 같았다. 바로 차를 끌고 동대문으로 달려갔다. 상가에 가서 무작정 필요한 재료들을 사 모으기 시작했다. 처음엔 딱 100만 원만 써보자는 마음이었다. 당시 여름 휴가 기간이다 보니 빠르게 사업자등록을 하고 유튜브 영상 등을 통해 스마트스토어 오픈 및 상세페이지 작업을 시작했다. 그렇게 약 5일 만에 1개 브랜드를 론칭했다. 워낙 빠른 실행력 덕분에 키워드는 바로 상위 노출되었고 투자금의 4배 이상을 뽑는 쾌거를 기록했다.

다음은 내 자식과도 같은 브랜드 '캠핑오너스'의 메인 제품 '스마티지' 이야기다. 스마티지는 친구와의 이야기 중 우연한 물음에서 탄생한 제품이다. '스마트 램프는 왜 야외용이 없을까?'라는 물음이었다. 그 물음 하나에 무작정 제조사들을 찾아 나서기 시작했고, 기존의 실내용 제품을 야외용으로 바꾸기 위한 상품기획이 시작되었다. 상품기획이라고는 거의 해본 적 없던 나는 8개나 되는 공급사와의 협의 끝에 스마티지를 탄생시켰다.

　기존 스마트전구(220V)를 5V로 변경하기 위해 전구 업체와 미팅을 했고 전구와 소켓을 램프로 만들어줄 소켓업체도 만났다. 카라비너, 쉐이드, 케이스, 포장재까지 최소주문수량(MOQ)를 맞추고, 조립 스케줄을 직접 다 조율했다. 그런 스마티지는 다행히 와디즈 펀딩 1, 2차에 걸쳐 4,700%를 달성했고 국내에서 가장 큰 캠핑박람회에서는 단 하루만에 준비된 물량을 완판하기도 했다.

　다음은 마케팅 대행사 사업이다. 사실 이건 그냥 '시장이 나를 불렀다' 라고 해도 무방하다. 처음에는 '어떤 사업에서도 먹히는 기술이 무엇일까?' 라는 생각에 마케팅을 공부했다. 마케팅을 배우면 다른 분들을 도울 수 있겠다는 생각이 들었다. 그래서 무작정 블로그와 인스타그램에 무료 컨설팅을 모집했다. 부산에 직접 찾아가 컨설팅을 하기도 하고, 모르는 분야는 몇 십만 원짜리 강의를 들어서라도 어떻게든 도움을 주려고 노력했다. 그 결과 예상보다 내가 마케팅을 정말 잘한다는 것을 깨달았다. 와디즈를 도와드렸던 대표님은 1차 펀딩 1천 7백만 원, 2차 펀딩 3천만 원을 기록하기도 했고, 플레이스를 도와드렸던 대표님은 30분 만에 바로 상위 노출을 기록하기도 했다.

나는 영감이 떠오르면 바로 실행한다. 바로 실행하지 않고 1시간만 시간을 보내도 '망하면 어쩌지' 라는 불안감이 엄습해오기 마련이다. 나는 망해도 굶어 죽지는 않을 자신이 있다. 그래서 영감이 떠오르면 내 무의식이 눈치도 채기 전에 일단 행동으로 옮긴다. 이것이 내가 사업하는 방식이고 생존해 나가는 방식이다.

날린 돈만 3억, 실패가 가져다 준 최고의 선물

위의 내용만 보면 패기 하나로 성공시킨 멋진 사업가의 모습일지도 모르겠다. 하지만 명확한 사업 아이템과 수익을 만들어내기까지 꼬박 3년이라는 시간이 걸렸다. 투자한 돈은 퇴직금과 적금에 정부 지원 사업까지 합해서 3억 원에 이른다. 사업 아이템 역시 많이 바뀌었다.

처음 시작했던 마스크 목걸이는 경험을 위한 아이템이었다. 왜냐면 마스크 목걸이라는 제품은 단기간에 인기를 끌고 말 상품이라는 것을 직감적으로 알았기 때문이다. 그래서 퇴사하기 전에 폐업했다. 예비창업자를 대상으로 사업화 지원금을 지원하는 예비창업 패키지를 지원하기 위해서였다.

예비창업패키지를 도전한 이유는 아이디어만으로 최대 1억까지 받을 수 있는 지원 사업이기 때문이다. 지원 사업은 사업계획서와 발표가 중요한 포인트다. 재직 시절 대기업 및 글로벌 기업 등의 각종 입찰경쟁에 참여해서 사업계획서, 제안 발표는 자신 있었다. 사업계획서에만 치중하다 보니 막상 아이템과 시장 검증을 깊게 하지 않았다. 처음 기획은 플랫폼 사업이었다. 하지만 나는 개발 지식이 전무했다. 그래서 발품을 팔아 한 개발자 분과 동업을 하기로 약속했다.

다행히도 예비창업패키지에 합격했다. 사업의 첫 단추를 성공적으로 끼웠다는 생각에 무척 기뻤다. 하지만 기쁨도 잠시, 개발을 담당하던 동업자로부터 하루아침에 이별 통보를 받았다. 그것도 그냥 카톡 메시지 하나로 말이다. 이미 외주 개발은 시작한 후였고 아무런 대책도 없던 나는 그렇게 카톡 하나에 두 번째 사업을 접었다.

그렇게 아이템 2개를 접고 나니 넘쳐났던 열정도 조금씩 고갈이 되기 시작했다. 퇴사한 지 약 2년이 지난 시점이었다. 재직 시절이 생각나고 매월 꼬박꼬박 들어오던 월급이 그리워지기 시작했다. 그래도 아직 포기하기는 일렀다. 시작도 못해봤으니 말이다. 그래서 다시 커머스로 눈을 돌리기 시작했다. 처음 경험했던 마스크 목걸이의 기억이 떠올랐기 때문이다.

이번에는 독점성을 가진 나만의 브랜드를 만들기로 결심했다. 그렇게 탄생한 것이 위에서 언급된 '캠핑오너스' 다. 특히, 메인 제품인 '스마티지' 는 세상에 없던 걸 만들다 보니 최소 주문 수량도 많았고, 제품의 원가 역시 매우 높았다. 처음 출시하는 제품이기에 각종 인증 등 절차가 매우 복잡했다. 코로나로 인해 제품 인증이 몇 달간 지체되면서 불안이 엄습하기 시작했다.

'이렇게 힘들게 만들었는데, 안 팔리면 어쩌지?' 라는 불안이 나를 감싸 안았다. 왜냐하면 1억이라는 돈을 대출받아 시작한 브랜드였기 때문이다. 이런 실패에 대한 두려움 때문에 바로 '마케팅'을 공부했다. 다른 한편으로는 이번 사업이 망하더라도 어디에서나 써먹을 수 있는 기술 (나는 이것을 메타 기술이라 칭한다.)을 만들어야겠다는 생각을 하기도 했다. 주에 3권씩 책을 읽고, 100만 원이 넘는 강의들을 무작정 듣기 시작했다. 그리고 그것을 바로 내 브랜드에 적용하기 시작했다. 내가 가진 지식을 바로 적용하고 성과를 만들어내니 마케팅의 매력에 흠뻑 빠지게 되었다.

마케팅에 미친 사업가, 갑옷남

"저는 마케터가 아닙니다. 마케팅에 미친 사업가입니다." 내 캐치프레이즈이다. 나는 마케팅을 전공하지도 않았고 온라인 마케팅은 예술적인 감각이 있는 사람들이 하는 줄 알았다. 불안함에 시작했던 마케팅, 책을 100권 이상 읽고 나니 하나 깨달은 게 있다. 인생이란 결국 '갭을 줄이는 것이다' 였다. 사람은 모두 각자만의 프리퀀시 즉, 주파수를 가지고 있다. 우리가 고객의 마음을 얻기 위해서는 고객의 주파수를 파악해야 한다. 그리고 고객의 주파수에 내 주파수를 맞춰야만 한다. 나는 이를 슈퍼 포지셔닝(중첩)이라고 한다.

낚시를 가서 내가 치킨을 좋아 한다고 치킨을 미끼로 사용하는가? 물고기가 좋아하는 미끼만을 생각한다. 그런데 정말 아이러니한 건 우리는 사업에 있어서 자꾸 우리의 주파수를 강요하려는 경향이 있다. 마케팅 사업을 하면서 만난 많은 대표가 항상 공통적으로 하는 말이 있다. '내 아이템은 정말 말도 안 되게 좋다. 근데, 세상이 알아주지 않는다.' 세상이 알아주지 않는 이유는 무엇일까? 세상이 원하는 것을 주지 않았기 때문이다. 즉, 고객의 세계관에 들어가야 한다.

나는 고객의 세계관에 들어가 슈퍼 포지셔닝을 할 수 있는 가장 좋은 마케팅 방법을 알고 있다. 그것은 바로 '블로그'다. 내가 브랜드 블로그를 전문으로 하는 이유기도 하다. 줄갭의 블로그가 기존의 브랜드 블로그와 어떻게 다른지, 어떻게 슈퍼포지셔닝을 만드는지 설명해 보겠다.

줄갭은 컨설팅 기반의 브랜드 블로그 전문 회사다. 단순히 블로그만 대행하지 않고 의뢰가 들어오면 무조건 컨설팅을 먼저 진행한다. 업종마다, 아이템마다 필요한 마케팅 전략이 모두 다르기 때문이다. 그래서 컨설팅을 통해 먼저 사업가 자신을 고객, 아이템, 경쟁사를 알게 한다. 이를 기반으로 우리만의 포지셔닝 전략, 마케팅 믹스 전략, 브랜딩을 뽑아낸다.

그것을 바탕으로 개인에게 맞는 마케팅 전략을 제안한다. 그 전략 중의 하나가 바로 '브랜드 블로그'다. 때로는 브랜드 블로그 수를 줄이고 다른 채널의 예산을 집중하는 등, 단순 마케팅 대행사가 아닌 CMO(기업의 마케팅 전체를 총괄하는 경영자)이자 마케팅 부서의 역할을 하고 있다. 이것이 마케팅에 미친 사업가의 사명이라고 생각하기 때문이다. 내가 고객사를 '동료사'라고 칭하는 이유기도 하다.

줄갭의 브랜드 블로그는 '성과중심'이다. 우리가 마케팅을 하는 궁극적인 이유는 바로 매출을 올리기 위해서다. 하지만 많은 블로그 마케팅이 '상위 노출'에 매몰되어 있다. 단순히 상위 노출만 시키면 매출이 오를까? 아니다. 고객 세계관 중심의 적절한 키워드 전략을 통해 상위 노출을 시키고 제목을 클릭하고 싶게끔 만들어야 하고, 글을 끝까지 읽게 만들어야 한다. 그게 다일까? 아니다. 우리의 궁극적인 목적인 구매로 이어질 수 있도록 유도해야 한다.

나는 '8단계 구매 유도 전략'을 세우고 그에 맞는 글을 구성한다. 광고 냄새가 강해서 반감을 일으키기 쉬운 광고성 글은 쓰지 않는다. 고객이 실제 원하는 정보를 제공함과 동시에 우리 브랜드를 알리고, 지속적으로 우리 블로그에 머물게 한다. 그리고 아주 자연스럽게 문의로 이어질 수 있도록 전략을 짠다. 줄갭 블로그의 차이를 보려면 네이버에 '갑옷남'을 검색하기 바란다. 그리고 블로그 글 딱 3개만 읽어보길 바란다.

프리퀀시 갭을 통한 Givers Gain과 살리는 마케팅

창업을 준비할 때 비전은 그냥 그럴싸해 보이는 말들만 생각했다. 하지만 3년이 지난 지금은 무엇보다 비전과 미션이 중요함을 뼈저리게 느끼고 있다. 비전이 있어야만 모든 구성원이 한 곳을 바라볼 수 있기 때문이다. (팀원을 몇 번이나 떠나보낸 경험에서 나온 것이다.)

줄갭의 비전은 다음과 같다. "줄갭은 'Givers Gain'의 정신으로 고객의 성과를 올리기 위해 소비자의 프리퀀시를 명확히 파악하고 갭을 줄여 궁극적으로 살리는 마케팅을 한다." 우리 회사 이름이 '줄갭'인 이유도 바로 이 갭을 줄인다는 의미다.

비전에서 특히 주목해야 할 2가지 포인트가 있다. 하나는 'Giver Gain'이고 다른 하나는 '살리는 마케팅'이다. 먼저 Givers Gain은 '주는 자가 얻는다'라는 뜻으로 내가 활동하는 비즈니스 모임의 슬로건이기도 하다. 줄갭은 늘 먼저 주는 것에 익숙한 조직이다. 먼저 베풂으로써 자연스럽게 성과로 이어질 것을 굳게 믿는다. 내가 브랜딩 컨설팅을 하면서 계약사항에도 없는 명함, 브로슈어, 배너 등을 서비스로 만드는 이유기도 하다.

다음으로 '살리는 마케팅'이다. 나는 진심으로 마케팅이 사람을 죽이고 살린다고 생각한다. 내 어머니는 평생 장사를 했다. 내가 학벌에 미쳤던 것은 사실 어머니를 편하게 해드리기 위함이었다. 하지만, 취업을 코앞에 둔 4학년 어느 날, 어머니가 갑자기 돌아가셨다. 일생을 살며 가장 아쉬운 건 지금이라면 몇 번이고 사드렸을 비싼 식사 한 번을 어머니에게 대접하지 못한 미안함이다.

마케팅을 알고 난 후 '이걸 그때 알았더라면 어머니를 바로 편하게 할 수 있지 않았을까?' 라는 생각을 한다. 내 성공으로 나중에 보답하는 것보다 당장 도울 수 있는 방법이 있다는 걸 깨달았다. 그래서일까, 나는 마케팅에 있어 '항상 사람을 살리는 마음'으로 임한다. 누군가는 마케팅을 잔재주라고 생각할지 모르겠지만 적어도 나는 마케팅이 무엇보다도 소중하다.

올해 줄갭은 양적 성장을 목표로 하고 있다. 팀원도 늘었고, 나를 믿는 그들에게 책임감을 느끼고 있다. 그래서 안정적으로 회사를 운영할 수 있는 동료사를 모으는 것이 올해의 목표다. 그래서 아직은 가치보다는 양에 집중하고 있다. 어렵게 말했지만, 한마디로 표현하면, '지금이 가장 싸다는 말이다.'

마케팅을 중요성을 모르는 사람이 있을까? 갈수록 마케팅은 더욱 중요해질 것이다. 한편, 친한 대표가 이렇게 말한 적이 있다. "마케팅은 레드오션"이라고, 어떻게 보면 맞을지도 모르겠다. 하지만, 내 생각은 전혀 다르다. 처음 온라인 시대가 왔을 땐 각종 편법과 스킬로도 충분히 성과를 낼 수 있었다. 하지만, 그런 시대는 끝났다. AI 기술이 고도화되면서 그런 기술(소위 '어뷰징')을 필터링하는 기술도 함께 고도화되었기 때문이다.

이제는 본질에 집중해야 하는 시대다. 즉, 기획과 콘텐츠에 집중해야 한다. 그 결과 마케팅 업계의 양극화가 극명해질 것이다. 경영의 신 마쓰시타 고노스케는 이렇게 말했다. "호황은 좋다. 하지만 불황은 더더욱 좋다." 나는 이를 경쟁이 심해지는 상황일수록 강자는 더욱 빛을 발하는 것을 의미한다고 생각한다.

다시 돌아간다면?

나는 다시 돌아간다면 무조건 지식창업이 가장 첫번째다. 지금부터 그 이유를 설명하겠다. 나는 사업 초반 '하이 리스크 하이 리턴'이 진리라고 믿었다. 하지만, 실제 플랫폼 사업을 망치고 브랜드 사업 그리고 마케팅이라는 지식창업을 하면서 깨달은 것이 있다. 바로 사업에도 레벨이 있다는 점이다. 학교에 커리큘럼이 있듯 사업에도 분명 커리큘럼이 존재한다. 내가 생각하는 사업의 레벨은 다음과 같다. 물론 내 개인적인 기준이니 참고만 하면 좋을 것 같다. 가장 어려운 것부터 할 만한 사업 순으로 설명하겠다.

먼저, 가장 어려운 것은 '플랫폼 사업'이다. 플랫폼 사업은 변수가 잦고 시간, 노력, 돈이 정말 많이 들어간다. 공급자와 수요자라는 두 마리 토끼를 동시에 잡아야 한다. 그와 동시에 어느 정도 고객이 모이지 않으면 수익이 나기 어려운 구조이다. 실제로 우리가 아는 많은 플랫폼 기업을 보면 투자 없이 성공한 경우는 매우 보기 드물다.

플랫폼 다음의 사업은 바로 '제조 및 기술사업'이다. 제조 및 기술사업은 일단 초기 투자금이 많이 들어간다. 무엇보다도 아이템을 만들어내는 것 자체가 너무 힘들다. 하지만 여기서 끝이 아니다. 아이템을 만들었다고 해도 그걸 팔아야 한다. 하지만 제조나 기술사업을 하는 분들은 그 아이템을 만드는 데에만 집중하다 보니 판매에는 신경을 쓰기 힘든 것이 현실이다.

다음 사업으로는 '커머스 사업'이다. 유통이나 브랜드 사업이라고 보면 될 것 같다. 실제 제조는 하지 않지만 기존의 제품을 잘 파는 것이다. 특히 브랜딩해서 팔 수 있다면 독점성과 파급력을 가질 수 있다. 하지만, 대부분 브랜드를 만들려면 최소한의 재고를 구매하는 자본금이 필요하다. 그뿐만 아니라, 잘 파는 마케팅 능력 또한 매우 중요한 포인트이다.

자, 이제 대망의 마지막이자, 본 파트의 주제인 '지식창업'이다. 지식창업은 말 그대로 내가 쌓은 지식을 사업화 하는 것이다. 내가 지식창업을 처음 사업할 때 정답이라고 생각한 이유는 다음과 같다.

먼저, 자금이 들지 않는다. 지식을 쌓기 위한 최소한의 투자로 가능하다. 나는 마케팅이라는 지식을 배우기 위해 도서 구입비, 강의&강연료에만 투자했다. 또, 지식창업은 돈도 벌면서 계속 성장할 수 있다. 솔직히 개이득이라고 생각한다. 남의 돈으로 마음껏 마케팅을 해볼 수 있으니 말이다. 그렇다고 지식창업이 무조건 좋은 것만은 아니다. 절대적으로 시간과 노력이 필요하다. 그리고 초반에 혼자서 모든 일을 처리해야만 한다. 이는 곧, 수익의 최대치에 한계가 존재한다는 것을 의미한다. 나 역시 혼자 벌 수 있는 최대치의 한계를 느끼고 현재 팀을 꾸리고 있다. 그럼에도 나는 다시 돌아간다면 무조건 지식창업을 할거다. 왜냐하면 지식창업이 끝이 아니기 때문이다. 지식창업을 하면서 자연스럽게 사업에 대한 메타인지가 올라간다. 이를 바탕으로 위에서 언급한 다른 사업으로 확장할 수 있다.

혹시 창업이 두려워서 도전 하지 못하고 있나?
당장 가서 지식창업에 도전해라. 실패가 두려운가?
돈이 안 드는데 뭐가 그리 두려운가?
무의식이 눈치채기 전에 이 책을 덮고 지식창업에 도전하길 바란다. 마지막으로 내가 가장 좋아하는 아인슈타인의 명언으로 마무리하겠다. '어제와 같은 일을 반복하면서 다른 미래를 기대하는 것은 정신병 초기 증상이다.' 뭐 하는가 어서 어제와 다른 나를 만들어라.

- 베에프 코리아(주)의 대표
- 국내에서 독일 세척제 연간 35만 캔 15억 이상 판매(자동차, 산업체)
- 알렉산드로 솔제니친이 노벨 문학상을 받은 1970년 부산에서 출생, 경남대학교를 졸업하고 독일 Wepp GmbH(Additive) 수료
- 2022년 6월 제품환경규제 대응전문가(KOTTI시험연구원) 전문자격증 취득. ISO 9001:2015(자동차 윤활유 제조,~2025, 4월) 인증 획득
- 독일 CTWD 브랜드(~2028.4.24.) 상표등록 완료
- 독일 안심 케미컬 전도사로 자동차 및 전 산업 분야에 126개 업체 파트너십 구축
- 2023년 국회 부산 도서관 북 큐레이터(~2023년 12월 31일)
- 베짱이 글방 연구소(출판사) 대표

이메일   tj3213@hanmail.net
블로그   https://blog.naver.com/tj32151
연락처   010 9667 7936

김 태 진

03

독일 아이디어 가치기업
베에프코리아(주) 창업 이야기
최초가 되거나, 압도하거나, 전혀 다르거나

학창 시절까지 문학을 전공하였으나 독일과 인연이 되어 독일 Wepp GmbH Additive 과정 수료 후 국내 독점 수입 공급원으로 벌써 10년을 눈앞에 두고 있다.

1,460일간, 35,040시간, 총 4년간의 적자, 시행착오 후 현재 국내 유명 수입차 서비스센터들과 협업을 통해 치열했던 만큼 비약적 발전하고 있다.

2022년엔 KOTTI 시험연구원의 '제품 환경규제 대응전문가' 자격증도 취득해 격변하는 화학 시장의 선제적 역할도 하고 있다.

결국 가치와 철학을 버리지 않는 것이 끝까지 지속되는 방법의 하나라고 믿는다.

"We sell the value before the Price"

독일 아이디어 가치기업
베에프코리아(주) 창업 이야기

내 인생 남에게 묻지 않기로 했다

2014년 사업가가 되겠다는 꿈을 꿔본 적이 없었다. 창업 전에는 독일 외국계 기업 케미컬 영업팀장으로 12년 근무했다. 특히 전공도 화학이 아닌데 말이다. 지인 소개로 방문한 2008년 독일 방문에서 독일의 화학산업에 깊이 감동받았다. 알고 보면 우리가 아침에 일어나면 양치질을 하고 잠 자기 전 보습크림 바르는 것까지 모두가 알고 보면 화학이다. 그것이 계기가 되었고 더 이상 내 인생 남에게 묻지 않기로 했다. 하루 근무 시간 10시간 일하고 급여는 주는 대로 받고 말 그대로 "사람 좋은 것이 내 직업"인 시대가 있었다.

어릴 때부터 남들이 한 번씩 가진다는 롤 모델이 전혀 없었다. 남들 가는 대학에 가고 졸업 후 취직해야 하니 이것저것 따지지도 않고 잡히는 대로 일하고 적령기가 뭔지도 모르면서 결혼도 하고 직장 다니며 자기 계발은 남의 일이었다.

내 인생의 사명감도 비전도 핵심 가치도 없이 하루하루 사람들에게 휘둘리고 무식한 성실로 하루하루 버텨왔다. 말 그대로 직장생활 바보 온달이었다. 오늘 출근하고 1달간 시간만 지나면 돈 나오는 머슴살이 마인드에 푹 빠져 있었다. 돈 되는 일을 해야 돈이 나오는 오너의 규칙으로 살아가지 않았다.

세상이 원하는 것이 무엇인지도 모르는 채 자기 최면에 빠져 살다 보니 돌아오는 것은 실패와 좌절, 가난뿐이었다. 직장 내 학벌, 인맥으로 얽혀진 파워 게임도 몰랐다. 당시 팀장에게 주어진 책임과 권한에서 낼 수 있었던 욕심도 없었다. 남은 것은 거래처 사장님들과 기술 정비공들에겐 사람 하나 믿을 만하다는 평판이었다. 하지만 사업을 시작하고 큰 병마를 이겨낸 뒤 그야말로 바보 온달에서 온달 장군으로 완전히 바뀐 것이다. 그래서 어떻게 됐냐고요?

독일 Wepp GmbH(Additive) 수료 후 전문 미케닉들과 다양한 산업체 대표들 앞에서 내 브랜드를 소개, 교육하고 알리는 나만의 독점 브랜드 케미컬을 파는 사람이 됐다. 이렇게 지금 독일 아이디어 케미컬 독점 수입원 회사 대표를 하고 있을 줄은 꿈에도 몰랐다. 성공에 전공은 전혀 중요하지 않다.

대학 전공도 전혀 중요하지 않다고 늘 믿고 있다. 셀트리온의 서정진 회장도 바이오 사업 관련이 아닌 건축공학도였고, 오픈 AI 최고기술경영자(CTO)인 미라 무라티도 기계공학이고 컴퓨터공학도가 아니다. 심지어 석, 박사 학위가 없음에도 챗GPT의 어머니로 불린다. 학교 자체는 기본 소양을 배우는 장소로 사회성을 기르는 곳이라고 본다. 꿈과 기회는 언제든 바뀔 수 있다.

상사들의 무능력함, 직원들 간의 실적을 위한 내부 차별, 미래가 없는 매너리즘 등 한 번씩은 겪는다는 직장인들의 고민을 나도 몸소 겪었다. 솔직히 가장의 책임보단 개인적인 고뇌와 모순이 더 크게 다가왔다. 그래서 내 인생, 남에게 묻지 않기로 했다. 2014년 8월 1일은 그렇게 초라하고 외롭게 시작되었다.

"Nothing happen in 2014, WF Korea, Busan"

경험은 일단 시험부터 치르게 한 다음 가르침을 주는 잔인한 교사이다

혹 누구는 자본금이 5천만 원, 6천만 원, 그리고 1억 등으로 시작하는 이도 있다. 시작 당시 빚만 4천만 원으로 부산에서 시작했다. 지금 생각해 보면 준비가 부족했다. 남,녀가 만나 결혼하기 위해서도 수많은 시간을 겪어야 하고 대학도 중학교 3년, 고등학교 3년 수년간 준비해서 입학한다. 하물며 한 법인 회사를 이렇게 세웠다니 만감이 흘렀다. 경험은 일단 시험부터 치르게 한 다음 가르침을 주는 잔인한 교사인 것 같다.

취급하는 모든 제품은 100%독일 완제품이다. 독일의 거래 방식, 제품의 품질을 다루는 태도, ESG의 상식적인 경영방식을 독일 파트너로부터 차근차근 배웠다. 대신 시행착오도 길고 깊었다. 초창기 시작할 때 직원은 2명이었다. 현재는 취급 대리점까지 총 8명으로 늘었다.

4년간의 적자와 믿었던 사람들과의 단절, 상상도 못한 전 세계 팬데믹 등 나름 치명적인 타격을 입었다. 원가를 절감하고 거래처 수를 늘리다 보면 자연스럽게 회사도 쑥쑥 성장할 줄 알았다. 어느 누가 전쟁이니, 감염병 세계적 유행이니 하는 변수를 미리 알았을까? 그러나 그 과정에서 나는 많은 사람이 배우지 못한 것을 배웠다. 대리점 체제보단 직판이 갈 길이라는 것을 말이다.

올해는 현재의 성공과 만족에 머무르지 않고 끊임없이 초심을 가지고 혁신하면서 같이 갈 수 있는 또 하나의 길을 찾고 있다. 신규 케미컬(신제품 엔진오일)의 도전이다. 일례로 2010년 세계 랭킹 1위를 달리고 있던 테니스 슈퍼스타 세리나 윌리엄스는 뮌헨의 한 식당에서 깨진 유리잔을 밟는 예기치 못한 부상으로 급추락하던 중 파리의 작은 청소년 테니스 아카데미에서 파트리크를 만나게 된다. 그는 정상급 선수를 지도해 본 적이 전혀 없었던 코치였다.

하지만 세심하고 진솔한 코칭에 한 주 내내 세리나 윌리엄스는 그와 함께 훈련했다. 결국 윔블던 대회를 앞두고 세리나는 이 무명의 프랑스인을 코치로 고용했다. 누구나 알듯이 세리나의 코치는 언제나 아버지였다. 이후 벌어진 일은 기적 같았다.

이후 참가한 19경기를 모두 이겨 윔블던과 US오픈 우승컵을 들었다. 2012년 올림픽 결승전에서도 샤라포바에게 한 세트도 뺏기지 않고 금메달을 따냈다. 주변 조건이 바뀌면 변화한 환경에 맞는 새로운 표준이 등장한다. 그러나 사람들은 이에 적응하는 대신 기존의 행동 양식에 자신을 스스로 가두는 것이다. 성공의 역설이다. 결국 새로운 환경에 적응해 평균 연령 24세 선수들 사이에서 31세의 세리나는 22개의 메이저대회에서 10번의 우승을 차지했다. 비결은 스스로 낯설고 불확실한 환경으로 들어간 것이다.

올해도 우리 회사 매출액은 작년 대비 증가했다. 시장도 확대됐다. 하지만 모든 것이 영원하지 않다는 걸 나는 누구보다도 이제는 잘 안다. 로마제국이 500년간 전쟁에서 상대의 훌륭한 관습을 잘 받아들여 오래도록 유지해온 비결도 똑같다. 1990년대 이후 S&P500 기업 중 위대한 기업이 된 애플, 아마존, 구글 등도 늘 창업주 리더들은 새로운 지식 습득을 위해 과거와 결별하는 데 능했다. 반면에, 그러지 못했던 리먼 브러더스, 시어스, GE 등은 패배자가 되었다.

  오죽했으면 MS 창업자 빌 게이츠도 "성공은 형편없는 선생"이라고 했을까. 앞으로 우리 조직이 다른 회사와 다른 점은 생산적이고 성과 지향적인 문화 속에서 모두가 긴밀하게 협력하고 새로움으로 인한 불편함을 편안하게 받아들이는 점일 것이다. 1953년 케미컬 기업(현재 사명:WD-40컴퍼니:국내 법인명=범우화학)의 WD-40 이 음료계의 코카콜라가 그러하듯 방청제의 대명사가 되었으며, 지금도 단일 제품으로는 연간 3,500만 달러(약 457억 4천5백만 원)가 팔린다고 한다.

  베에프코리아(주)도 싱글 아이템으로 독일 아이디어 스프레이가 작년 판매 35만 캔을 넘어 이 추세라면 올해, 내년엔 40만 캔, 42만 캔 이상으로 매출 증가가 기대된다. 새로움을 받아들이는 조직은 언제나 이기지 않을까? 한 유명한 새벽 배송 업체 중 허위광고로 물의를 일으킨 일이 있었다.

  중국산 원료 기저귀를 영국산 명품 기저귀로 1.5~2배로 비싼 가격으로 광고 후 판매한 것이다. 인증도 갱신 기간이 이미 만료된 상태였다. 대기업 중 매출 목표가 비열하고 저급하다면 결국 지속할 수 없을뿐더러 천민자본주의의 수준을 넘어서진 못할 것이다.

"The Battery" 쇼핑몰을 폐업후
1,460일, 35,040시간, 총 4년간의 적자를 이겨냈다

    1,460일, 35,040시간, 총 4년간의 적자, 시행착오 후 현재 국내 유명 수입차 서비스센터들과 협업을 통해 치열했던 만큼 비약적으로 발전하고 있다. 처음 시작한 2014년도부터 시작된 4년간의 위기 때는 특히 가격이 차이가 크게 났다. 독일제품들이 중국 저가 제품이나 국내 제품과 가격 경쟁력에서 밀렸다. 독일로부터 원활한 수급 관계도 문제였다. 코로나 시절 2021년은 독일제품 수급 문제로 큰 어려움을 겪었고 판매는 거의 바닥이었다. 알다시피 대기업이 아닌 이상 자금력에도 한계가 있고 목표로 하는 시장에서 영원히 기다리고 투자할 순 없다.

    기업 경영은 매일 도전이고 적지 않은 고정비로 주말에는 투잡을 가야만 했었다. 한국에서 공정과 가치를 가진 회사 대표로 살기란 무척 어렵다. 이후 국내에서도 2017년 8월 '가습기 살균제 피해 구제를 위한 특별법'이 시행된 이후 국내의 모든 화평법 & 화관법들이 바뀌었다. 환경 유해 기준을 강화하고 수출, 수입이 시 모든 화학, 케미컬 제품들은 전 세계 글로벌 객관적 기준을 지켜야만 했다. 더구나 유럽과 미국 기준보다 더 까다로운 국내 승인 & 검사까지 받아야 했다.

사용하는 소비자는 몰라도 완제품, 특히 케미컬에서 국내 판매를 위해 넘어야 할 산이 생각보다 많다. 특히, 독일 정품 제품으로 합리적인 가격에 특히 국내 시장에 대량 공급하는 것은 미친 듯이 어려운 일일 것이다. 2017년 이후 2018년부터 사업부별로 판매량과 구매파워를 늘여 독일 파트너와 협업해 가지 시작했다. 저가의 타 업체들은 환경기준을 맞추느라 제품을 바꾸고 유해 성분들을 개선하는 등 바빴었다.

우리 제품은 10년 전부터 요즘 한창 이슈화되고 있는 ESG 경영 중에서 환경 부문에 적합한 제품이었다. 역시 중요한 기업 경영의 핵심은 속이지 않는 품질이고 꾸준하게 변하지 않는 품질이다. 세상 모든 명품이 다 그렇지 않은가?

첫 창업 후 가치와 철학보단 돈을 벌기 위해 시작했던 여정이 기적과 같았던 독일과의 신사협정(Gentleman Agreement)부터 건강 악화(디스크파열 및 아킬레스건 손상)까지 다사다난한 사건들이 많았다. 심지어 걷지를 못해 회사를 정리할 뻔한 경험도 3~4번 감당했었다. 4년간의 적자와 몸이 망가진 그 시간이 내겐 지옥이자 결국 천국의 계단 같은 성공의 거름이 되었다.

내게 제2의 인생이라는 기회를 준 고마운 분들(아내, 주치의, 아들들, 전 직원들, 협력사 대표님들)과 오늘을 곰곰이 생각해 본다. 가장으로서도 마이너스였고, 수년간 적자를 겪었지만 수많은 시행착오와 남다른 실패가 공짜만은 아니었다. 많은 이야깃거리를 가지게 되었다. 수만 가지 양념을 가진 매력적인 스토리텔러가 된 것이다. 지금 힘들게 알바를 하든 직장을 다니든 사업을 하든 현재 모습이 내 인생이다.

하지만 언제든 어디서든 누구나 삶은 바뀔 수 있다. 내일 한 회사의 팀장이 되고 대표가 되고 한 분야의 최고가 되면 그것 또한 나의 인생이다. 언제나 우리에겐 극복과 성공을 위한 선택과 실행만이 있을 뿐이다.

소비자들은 다른 브랜드, 다른 취향을 가질 수 있고 결국 우리 같은 이 아이디어 기업의 성공은 다른 이들의 성공에 전혀 배타적이지 않다. 여전히 우리의 성공은 행복한 동반성장을 환영하고 지지하고 지향한다. 2019년 벤츠의 디터 제체(Dieter Zetsche)의 은퇴 때 경쟁 업체인 BMW가 헌정 영상을 보낸 것은 정말 감동적이고 상생의 철학을 보여주었다.

이건 정말 중요한 철학인데 같이 두고두고 기억했으면 한다. 창업하든 직장생활을 하든 1인 지식창업을 하든 말이다. 결국은 품질과 고객이다. 나만의 무기로 나만의 속도로 나만의 상품과 서비스로 고객 만족을 끌어내는 것이다.

"세상에서 가장 어려운 게 뭔지 아니?
흠 글쎄요. 돈을 버는 일? 밥 먹는 일?
세상에서 가장 어려운 일은 사람이 사람의 마음을 얻는 일이란다."

—생텍쥐페리의 '어린 왕자'

Guten Morgen! 100% 독일 아이디어
케미컬, 화학제품의 베에프코리아(주)

Guten Morgen!(=Good Morning!) 요즘엔 독일어가 인기가 별로 없다. 직장인들, 후배들도 영어 공부를 열심히 하는 지인들이 많다. 중국어도 있고 일본어도 제법 있다. 하지만 독일어 배우는 사람들은 거의 못 봤다. 내 브랜드는 100% 독일 아이디어 케미컬, 화학제품이다. 케미컬 하면 농약이나 페인트, 도료가 떠오르는 분들도 많을 것이다. 독일의 아이디어 명품 케미컬을 공식적으로 독점 브랜드로 수입해서 다양한 비즈니스 파트너들과 협업 중이다.

각 사업부는 크게 자동차, 수입차(Auto Division), 바이크(Bike Division), 상용차(Cargo Division), 산업체(Industry Division) 등

창업하고 브랜드를 만든 사람들

으로 나눠서 국내에 있는 공식수입차 서비스센터들부터 다양한 산업체의 유지보수 제품(Maintenance)까지 BMW Korea부터 롯데제과까지 다양한 브랜드와 협업 중이다. 독일 엔진오일부터 친환경 세척제, 그리스, 윤활제, 차량용 세라믹 엔진프로텍터, BMW Group에 공급 중인 DPF 클리너 등 다양한 친환경적인 케미컬 제품이다. 또한, 독일 Dekra(독일공업협회)나 TUV(독일기술위원회)의 승인을 얻은 제품들이다.

2022년엔 "독일케미컬로 내 자동차 5년 젊게 만드는 방법"이라는 프로모션을 국내 유명 워크숍과 같이 진행하기도 했다. 전 세계적으로 이와 비슷한 브랜드도 있고 제조업이 강한 국내에도 크고 작은 많은 케미컬 제조업체들이 있다. 물론 국내 정유사도 세계적으로 기술력이 상당하다. 하지만 베에프코리아(주)가 선택한 것은 제품을 만드는 독일 장인들의 가치와 철학을 먼저 배웠고, 절대 품질로 타협하지 않는 제품과 서비스다. 모든 제품은 100% Made in Germany이지만 그 속에 담긴 의미는 글자 이상의 10배, 20배 가치 창출이 가능하다.

특히, 모든 제품은 인터넷 판매가 되지 않는다. 싸구려 제품처럼 온라인용이 아니고 모든 제품과 서비스는 본사 직접 판매 형식이다. 그만큼 제품의 품질은 월드클래스(World-Class)라는 간접증거다. 사업 초기엔 저가 중국제품에 밀리고, 국산 제품 가격 경쟁력에 눈물을 머금기도 했다. 지금은 2022년부터 강화된 환경부의 유해 화학물질 법령인 화평법 & 화관법이 추가 개정되었다. 고용노동부의 건강장해 물질 법령인 산업안전보건법과 소방청의 위험물안전관리법도 추가로 규정이 바뀌고 있다. 기준이 강화될수록 내 제품은 차별과 고급화가 더 되겠죠?

2023년은 ESG의 필수 시대이고
객관적 평가 기준이 되는 독일 케미컬

2023년은 ESG의 필수 시대이다. 이전엔 기업의 사회적 책임(CSR)을 강조했다면 전 세계는 모두 ESG(Environment, Social, Governor:환경, 사회적 책임, 투명경영)가 선택이 아닌 필수사항이 됐다. 수출, 입부터 제조, 유통, 소비자들의 가치소비까지 어느 한 곳 빠지는 데가 없다. 이는 국내에서도 2025년 공시를 하게 되면 모든 기업의 숙제이자 지켜야 할 약속이 된다. 독일 케미컬로 ESG를 준수하는 것은 경쟁업체와의 차별화, 고급화 방법이다.

국내 법규 중 환경부에서 엄격히 진행 중인 화평법이나 화관법, 그리고 고용노동부에서 진행 중인 건강 유해성 유무, 소방청에서 진행 중인 UN No(유엔넘버)도 모두 더 이상 상식을 벗어난 케미컬, 화학 제품들은 용납되지 않는다고 한다. 정말 잘된 결정이다. 하나뿐인 지구를 위해서도 우리 후세를 위해서도 또한 발전하는 모든 기술에 대응하기 위해선 선택의 여지가 없다. 모든 케미컬, 화학제품들이 이제는 혁신 기술의 발전과 함께 긍정적인 상향 평준화되고 있다.

5년 전만 해도 내세울 게 싼 가격뿐인 케미컬은 이제 하나둘씩 사라지고 있다. 그야말로 정도를 지키고 품질에 거짓말하지 않는 기업들의 제품과 서비스가 빛을 발하고 있다.

"최초가 되거나, 압도하거나, 전혀 다르거나"

한 회사의 대표는 내 경험상 혁신 기업가로서 준비한 프로젝트나 시안은 무조건 해내야 하는 사람이라고 생각한다. 이 부분에서 내가 느끼는 것이 하나 있다. 사업을 진행하다 실패도 좋은 경험이라고 말하지만, 리더는 책임감이 있어서 불리한 싸움에서도 지면 안 된다. 무조건 해내야 할 절박한 사안이면 사활을 걸고 고민하다 보면 정답을 찾을 수 있다. 그만큼 준비도 고민도 미리 많이 해 봐야 한다. 단순히 '지난 6개월 동안 고생했습니다' 만으로는 부족하다. 무엇을 해내서 달라졌는지 얘기할 수 있어야 한다.

넘어지면 다시 일어나는 사람이 되자, 헛소리다. 나는 4년간의 시행착오 후 남을 믿지 않는다. 좀 강하게 들릴 수도 있다. 하지만, 내 두 손, 두 발로 몸소 실행하지 않고 인맥이나 소개로 하다 보면 내 경험상 오래 못 간다. 내 주도로 시장을 확장 시킬 수 없다. 전도사, 검사, 정치가보단 늘 과학자의 자세가 좋다. 타인의 의견에 마음을 열고 호기심을 가지고 더욱 현명한, 똑똑한 결정을 할 수 있는 제2의 의견을 갖는 자세 말이다.

또한, 사업가로서 창업한다는 것은 내 직원과 동료들을 눈이 오나 비가 오나 어느 때나 업고 다녀야 할 경우도 많다. 결국은 그들과 우리는 갈 길이 달랐다. 95년도엔 구미에서 삼성 애니콜 휴대전화기를 수백억씩 처분한 예도 있지 않은가. 그것이 창업하는 사업가로서의 기본 소양이라 믿는다. 일종의 기업 책무이다. 삼성은 연간 302조의 매출을 달성하고 있다. 대기업이든 중소기업이든, 요즘 관심 많은 1인 지식 창업가들도 똑같다고 생각한다.

그렇게 된다면 최소한 업무로 인한 세상에 대한 마음의 모순은 없지 않을까? 너무 순진한 생각일까? 하지만 이 순진한 생각이 말 많든 경쟁자들을 이제는 볼 수 없으니 왜일까를 생각해 본다.

요약한다면 창업(사업)이란 내가 가진 능력, 시간을 가지고 최대한의 결과물을 만들어 내는 것이고 시스템, 비전을 갖고 좀 더 나은 전략화를 실행하는 것이다. 진정 내, 외부적 성장의 결과물을 만들어 낼 수 있고 자신 있다면 잘 준비해서 직접 창업하면 된다. 내 생각이 없으니 남의 생각이 중요한 것이니 늘 공부하고 도전하며 생각의 값을 강건하게 해야 한다.

성공의 다른 이름이 멈추지 않는 꾸준함인데 매일 작은 도전과 성취감을 느끼면서 멈추고 포기하지만 않으면 어차피 다 성공할 것을 확신한다. 문제는 성공 이후의 삶을 어떻게 만들어 가느냐가 중요하다. 과거엔 창업 비용이 너무 비싸 한번 망하면 회복할 수 없을 정도였지만, 기술 발전으로 지금은 진정한 의미의 기업가 시대가 열리고 있다. 1980년대와 2023년대는 비교할 수 없을 정도로 놀랍기만 하다. 나만 가지고 있는 유일무이함(Unique)으로 맨땅에 헤딩하듯 깡으로 한번 해보기를 바란다. 사람은 누구나 언제든지 어디서든지 원하는 행복한 성장을 할 수 있다고 믿는다.

모든 시작은 위대하다. "최초가 되거나 압도하거나 전혀 다르거나" 세상에 쉬운 건 없다. 근데 못할 것도 없지 않은가?

마지막으로 창업을 꿈꾸는 모든 분들에게 격려와 응원의 박수를 보내며, 내 성공의 DNA로 기준을 스스로 정하기를 바란다. 이미 여러분의 주인은 나 자신입니다.

"누구든지 청하는 이는 받고, 찾는 이는 얻고,
두드리는 이에게는 열릴 것이다" 마태복음 7장 8절

"For everyone who asks receives; the one who seeks finds, and to the one who knocks, the door will be opened." Matthew 7:8

- ○ 모젤 창업. 쌀빵 전문점 창업, 빵 내음 가득한 오후 창업, 달봉이 빵집 창업
- ○ 글로벌 숙련기술진흥원 우수 숙련기술인, 산업인력공단 직업진로 교수
- ○ 카페 베이커리 그랜드 하브 수석 셰프 근무 중
- ○ 우수 숙련 기술인(준 명장)
  - -영산대학교 호텔경영 대학원 졸업(석사)
  - -2010년 대한민국 제1대 프로 제빵왕 대회 (금상)
  - -2009년 부산시 선정 10대 명품 빵집 인증
  - -2008년 농업기술센터 인증(부산 최초 토마토 로컬푸드 매장 인정)
  - -2007년 대한민국 제과기능장
- ○ 네이버 검색: 빵 내음 가득한 오후

이메일 rmf3655@naver.com
블로그 https://blog.naver.com/rmf3655
연락처 010-5592-3229

박노학

04
완벽하게 준비하지 않으면
시작하지 않는다
빵 쟁이가 퍼스널 브랜딩까지

"난 오너 셰프였다. 앞으로 나의 경험과 노하우를 글로 쓰고 싶어 작가 준비 중인 베이커리 셰프다."

 자격증도 있고 스펙도 있고 경력도 있다. 빵 만드는 것을 좋아하고 새로운 것에 도전하는 것도 좋아 한다. 생각하고 계획하고 실행한다. 지금은 1인 사업가의 길을 퍼스널 브랜딩을 만들어 가고 있다. 기술과 열정만으로 시작한 창업, 현실 창업은 기술과 자신감, 스펙만으로는 성공할 수 없다. 머리 공부, 마음 공부, 몸 공부 3가지가 되어 있어야 성공한다.
 이중 하나라도 없는데 성공한다면 당신은 1%의 운 때문이다. 수많은 성공과 실패를 겪으면서 깨달은 것은 '알고 하느냐, 모르고 하느냐' 라는 알아차림이다. 우리는 매 순간 선택을 한다. 이 선택 기준의 가치와 의미를 스스로 공부해서 찾아라. 배움과 공부에 지출을 두려워 말라. 어떤 선택을 하느냐에 따라 인생은 달라진다.

완벽하게 준비하지 않으면 시작하지 않는다

초보 사장의 시작 (꿈을 현실로)

망하려고 창업하는 사람은 없다. 누구나 처음은 어색하고 힘들고 어렵다. 고객들은 초보라고 이해해 주지 않는다. 빵을 만드는 것도 가르치는 것도 자신 있고, 내가 좋아하고 잘할 수 있을 것 같았다. 난 열정 가득한 30대 중반이다. 한 가정의 가장이기에 책임감도 있고 기술인으로서의 자부심도 있어서 한편으로는 내 어깨가 무거웠다. 한 해 한 해 경력이 쌓여가면서 빵 만드는 일은 나의 '천직'이다.

2007년 초 내 목표와 꿈을 현실화하기 위해 창업을 결심하고 다니던 영산대학 산학협력단 학교기업 꿈꾸는 파티시에 팀장을 그만두었다. 영산대학교에서 자체 현장실습을 통한 인력양성 프로그램의 일

환으로서는 첫 창 단이기도 했고 브랜드 이름도 내가 직접 생각해 낸 것으로 만으로도 나에게는 큰 의미가 있었다. 학부에서 강의도 하고 주방에서 시중에 판매되는 제품을 만들어 진열. 판매. 제품. 메뉴. 원가. 재료, 서비스 등 수업 시간에 배운 것들을 모두 학교 내 베이커리 카페에서 직접 판매하는 꿈 꾸는 파티시에를 책임하에 운영했다.

1년 반이라는 시간이 흐르고 학교 운영 시스템이란 것이 현장 출신인 나에게 적합하지 않아서 학교와의 갈등이 깊어져만 갔다. 체계적인 문서 보고 시스템으로만 운영하는 학교와는 달리 주먹구구식 실전 필드에서 몸으로 직접 익힌 내용의 차이를 혈기왕성한 30대 기술자인 난 극복해 내질 못했다. 업무보고, 운영 결과 보고서, 학교 강의 등 너무 많은 일과 체력적인 것들을 감당해낼 자신이 없었다.

어느 날 우연히 집 앞 상가를 지나다가 유독 한 상가만 비어 있는 것을 보았다. 물어보니 1년째 비어 있었다. 아 이제 때가 온 것 같았다. 그래 학교 기업에서 가르치고 배운 것들을 이제는 내가 직접 보여 줄 때가 되었다. 학교에서 배운 시스템과 내가 가진 기술만 더하면 대박 날 것 같았다. 그래서 학교 기업을 2006년까지만 하고 2007년 창업을 하기로 결심했다.

그렇게 결심하고 생각한 것을 현실로 창업하려니 많은 문제와 준비할 일 들이 한두 가지가 아니었다. 하나하나 준비하는 과정들이 정말로 내 마음과 생각대로 되질 않았다.

　모든 게 갖추어진 직장 생활에서는 직책에 맞게 정해진 일만 처리하면 되는데 사업을 한다는 것은 내 인생을 담보하는 생명과 영혼까지 모두 다 거는 문제이다. 실패는 나 한 사람만의 문제가 아니란 걸 누구보다 잘 알기 때문이다.

　학교에서 간접적으로 창업과 운영을 해 보았기 때문에 전체적인 흐름은 알 수 있었다. 그래서 모든 일을 신중하게 생각하고 꼼꼼하게 보고 판단해야 했다. 간판을 내 이름을 걸고 하고 싶었지만, 내가 만든 이름에 한 번 상처를 받은 나는 내가 만든 이름의 무게감을 감당해 낼 그럴 자신과 용기가 나질 않았다. 개업 준비하기 전에 예전에 같이 근무했던 형님을 찾아가 상호를 같이 쓰고 싶다고 의논을 드렸고 형님은 며칠을 생각해 보시고 나에게 기꺼이 상호를 허락해 주었다. 내가 만든 이름의 그 무게감을 감당할 능력과 자신감이 생기면 그때 내 상호를 만들겠다고 굳게 맹세하고 다짐했다. 그렇게 꿈과 희망을 품고 2007년 모젤 빵집을 어렵고도 쉽게 창업했다.

시작도 요령이다

　'천 리 길도 한 걸음부터' 라는 속담이 있다. 지금까지 배운 기술과 경험은 있지만 진짜 필요한 경영 능력은 없었다. 그래서 내가 어떤 것들을 해야 할지 목록부터 적어 보았다. 과연 짧은 시간에 오픈 준비를 하고 사업을 시작할 수 있을까 두려움도 나고 그때부터 걱정도 찾아왔지만, 계획과 목표와 방향성만 잘 정하면 문득 가능하겠다는 생각이 들었다.

  빵집을 창업해서 운영한다는 것은 결코 쉬운 일이 아니다. 가끔 아는 지인들이 오픈한 빵집을 가보면 항상 몇 가지 새로운 제품들과 기계들이 존재했다. 그땐 별생각이 없었고, 솔직히 나에게 필요성을 느끼지 못했고 지금 나와는 상관없는 일이라고 생각했다. 그땐 내가 너무 안일하고 잘못 생각한 것이었다.

  사람들이 맛있게 먹고 행복해지고 건강해지기를 바랄 뿐이다. 그런 생각을 하면 하나라도 소홀히 할 수가 없었다. 최고의 제품을 고객들에게 내놓기 위해 단계별로 세분화하니 시간이 촉박해도 실현 가능성 있어 보였다. 내가 빵을 만들 때 가장 먼저 생각하는 것은 누구에게 팔 것인가이다. 내가 만든 빵이 사람들 몸으로 들어가는 음식이기 때문이다.

  할 일은 많았지만 전체 타임 스케줄과 제품별 단계로 나누다 보니 빠르고 손쉽게 해결 방법도 많았다. 그렇게 인테리어 스케줄과 체크리스트, 제품 리스트, 제품 매뉴얼 실행 노트를 차근차근 하나씩 만들었다. 영산대 학교기업에서 배운 매뉴얼 표준화 교육이 큰 도움이 되었다.

팔방미인이 되어야 하는 게 사장이다. 누구나 처음부터 사장은 아니었을 것이다. 처음 빵을 시작할 때는 말단부터 시작한다. 시작도 누구와 하느냐, 어디서 하느냐에 따라 끝은 정말 달라진다. 내가 창업하기 전까지 마냥 시키는 일만 했다면 과연 창업을 하려고 생각도 안했을 것이다. 어떻게 시작을 해야 되는지 아는 사람은 눈빛과 행동이 분명 다르다.

빵 만드는 기술을 배운다는 것도 쉬운 일이 아니다. 배우고 싶어도 제대로 가르쳐 주는 사람이 없었다. 그야말로 어깨너머로 배워야 했다. 요즘은 책이나 유튜브 같은 인터넷에서 모든 것을 누구나 손쉽게 배울 수 있고 지금은 돈만 지급하면 노하우까지 전수받을 수 있다.

무엇보다 부모님과 가족들에게 값진 결과물을 보여 줄 수 있었다. 생각하고 실행하고 도전하면 된다는 것을 몸으로 직접 보여 줄 것이다. 생각하고 계획한 것을 끝까지 실행하면 성공한다는 것이 진리임을 알았다. 그 과정에서 나를 돌아보게 되었고 내가 잘하는 것이 무엇이고 부족한 점이 무엇인지 깨달았다.

우리 같은 기술인들은 자기 아이디어나 생각들을 고집하는 경우가 많다. 자신의 머릿속에 다 그려져 있고 완벽하게 성공할 것이라고 생각하고 자신만만해한다. 다 알고 잘할 수 있고 자신은 무조건 성공할 거라 생각하고 시작했지만, 내가 어떤 실수를 저지르고 있었는지 하나하나 알아 갔다. 나는 완벽한지 아닌지를 고민하기보다는 일단 실행하고 도전해야 한다고 생각한다. "실수를 하면서 성장한다는 것을 알지만 그것마저도 내가 선택하고 도전해야 할 수 있다."

천연 발효빵에 커피를 더하다

"끝은 또 다른 시작점이다" 2012년까지 현미 발효 쌀빵 전문점을 운영했다. 더 좋은 재료를 써야 한다는 생각에 모든 빵을 쌀빵으로 바꾸었다. 다른 곳에서는 따라 하지도 흉내 내지도 못하는 확실한 차별화가 되리라고 생각했다.

간판도 현미 발효 쌀빵이라고 바꾸고 베너도 만들고 전단지, POP, 팜플릿, 책자도 만들어 고객들에게 열심히 홍보하고 광고도 했다. 그렇게 1년이 시간이 흘렀고 내 노력은 고객들에게 외면당했다. 원재료의 차별화 전략으로 했지만 결과는 너무나도 처참했고. 결국 나는 쌀빵을 포기하기로 했다. 모든 빵을 다 바꿀 필요가 없었다는 것을 뒤늦게 깨달았고. 가치는 있었지만 트렌드를 너무 앞서간 것이 문제였다.

차별화를 위해 큰 도전을 해보았지만 나에게 돌아온 것은 쌓여가는 재료비와 임대료뿐이었다. 그렇게 가슴 아픈 위기만 찾아왔다. 그래도 여기서 주저앉을 수 없어서 극복할 방법을 찾아보았다. 차별화하면서 동네 브랜드 빵집으로 살아날 방법이 무엇일까?

그렇게 며칠을 고민만 하다 안산에 좋은 아침 최세호 대표에게 고민 상담했다. 나에게 최세호 대표는 정신적 멘토였다. 한참을 이런저런 이야기를 나누던 중 꼭 보여줄 곳이 있다고 해서 며칠 내로 한번 시간 내서 올라오라고 했다. 난 망설임 없이 바로 그날 내일 장사할 제품을 만들어 놓고 아침 기차를 타고 안산까지 같다.

최세호 대표와 함께 분당으로 넘어 갔다. 산길을 따라 한참을 들어갔다. 어느새 길이 끊긴 마지막 지점에 주차장과 큰 건물 2동이 보였다. 한쪽은 커피 가공공장이고 한쪽은 카페였다. 커피 가공공장을 처음 봐서인지 신기하고 낯설었다. 매장 안에 들어서는 순간 나의 두 눈을 의심했다.

한쪽에 천연발효빵이 진열되어 있었다. 혹시나 해서 물어보았는데 이곳은 5가지 빵만 만든다고 했다. 빵 한 개 가격이 8천 원짜리 커피도 한 잔에 7천 원이었다. 이때 장사는 이렇게 해야 된다는 것을 깨달았다. 종류가 많다고 잘 되는 것이 아니었구나. 선택과 집중이었다. 그 후 나는 천연 발효 종 빵으로 눈을 돌리고 베이커리 카페로 방향성을 잡았다.

며칠 동안 하나하나 컨셉을 만들어 나갔다. 그렇게 1달을 인테리어 디자인과 빵 켄셉을 정하고 인테리어 공사를 시작했다. 예쁜 베이커리 카페를 만들기 위해서 곳곳에 크고 작은 화분을 놓고 조화와 사진, 포스터 등으로 실내 분위기를 생기 있게 하고 매장은 자연스러움과 투박함이 공존하며 복잡해 보이지만 그 나름의 멋을 살리기 위해 벽은 붉은 고벽돌 그대로 오래된 느낌을 살려 투박하고 빈티지한 분위기를 연출했고 우드톤 색상을 사용하여 따뜻한 느낌과 내추럴한 느낌으로 했다.

위기는 '관리'가 아니라 '리드' 하는 것이라고 했다. 그렇게 허름한 빵집에서 완전히 옷을 갈아입은 켄셉이 뚜렷하게 살아있는 '빵 내음 가득한 오후'로 바쁜 일상 속 커피 한잔할 수 있는 분위기 좋은 동네 카페로 재탄생했다.

아무 일도 하지 않으면 아무 일도 일어나지 않는다

빵 내음 가득한 오후는 달랐다. 오전 9시에 시작해서 오후 4시까지 빵 냄새를 풍기는 켄셉이었다. 물론 직원들도 늦게 출근해서 일찍 퇴근하니 좋아했다. 매일 오후까지 구수하고 맛있는 빵 냄새가 풍겼다. 아침은 커피 마시는 동네 학부모들로 웃음소리로 가득 찼고 천연발효종 빵은 커피와도 잘 어울려서 고객들의 방문 횟수가 늘어 매일 조금씩 매출이 증가했다. 같지만 다름에 도전을 계속하면서 그렇게 6년 만에 제과점 중에서는 부산 최초로 베이커리 카페를 시작했다.

2012년에 빵 내음 가득한 오후의 장점 한 가지는 인터넷 POS 시스템을 처음으로 제과점 설치했다. 고객 전화번호 정도의 정보를 저장해서 할인, 이벤트나 생일 문자 메시지를 보내는 일도 간편했다. 빵만 잘 만들고 좋은 재료를 써도 부족하다는 걸 알기에 마케팅과 상품관리에 중점을 두었다. 인터넷 POS 시스템을 이용하여 고객 관리가 가능해졌다.

POS 시스템이란 판매시점 정보관리 시스템으로 팔린 상품에 대한 정보를 판매 시점에서 즉시 기록함으로써 판매 정보를 집중적으로 관리하는 체계를 말한다. 고객의 방문 횟수가 높은 시간대, 판매가 가장 많이 되는 빵의 종류, 취소하거나 환불하는 빵의 종류, 재방문 고객의 수, 고객들의 호응이 좋은 제품 등 모든 분석이 가능해졌다. 그렇게 고객 관리를 하루하루 해나가면서. 매장에서는 고객들에게 즐거움을 주기 위해 명분 있는 이벤트를 진행하였다.

학교 앞에 있는 상가라 근처에는 학원들이 많아서 아이들이 많은 점을 고려하여 매출 증대를 위해 꽝 없는 룰렛 게임 보드판을 만들어 매장에 비치하였다. 객단가를 올릴 수 있겠다는 생각에 짜낸 아이디어였다. 1만 원 구매 시에 꽝 없는 룰렛을 돌리는 이벤트였다. 고객들은 룰렛을 돌리면서 하나같이 어린아이처럼 마냥 좋아하고 즐거워하는 모습들이 너무 보기 좋았다. 『상품을 팔지 말고 가치를 팔아라』란 책을 읽고 나서 깨달은 것이다.

빵 만드는 주방은 보통 5시면 직원들은 퇴근한다. 내가 다른 빵집 사장님들보다 조금 차별화할 수 있는 것은 남들 앞에서 말하는 것이다. 빵 만들고 가르치는 일 다른 누구보다도 자신 있었기 때문에 주방을 활용해 고객과 소통하면서 추가 수익을 낼 수 있는 방법을 생각한 결과 비어있는 주방에서 홈베이킹을 열기로 했다.

주방을 고객들에게 오픈한다는 것은 그 가게의 모든 치부를 드러내는 일이라 큰 용기와 결단이 필요하다. 주방을 오픈하면 독이 될 수도 있지만 반대로 고객들에게 믿음과 신뢰를 보여 주면 더 성장할 수 있는 기회라고 생각했다.

힘든 시기를 나와 5년을 함께한 후배 하영준 셰프가 큰 버팀목이 되어 주어 용기를 낼 수 있었다.

1달에 두 번 정도 진행하기로 하고 고객들에게 커리큘럼을 문자를 발송했다. 수업은 1시간, 정원을 10명으로 제한하고 어린이 동반은 필수사항으로 했다. 첫 신청자가 등록했다. 예약은 받지 않았으며 입금 순서대로 신청 마감을 했다. 그렇게 부모와 함께 케이크 만들기 홈베이킹 교실을 시작했다. 클래스를 진행하면서 고객들과 소통했다.

무엇이든 당당하게 도전한다

"성공한 사람들은 다 비슷하지만 실패한 사람들은 저마다 다 이유가 다르다." 요즘은 골목상권마다 조그마한 카페들이 많다. 창업자본이 많이 드는 빵집보다는 손쉽게 카페를 창업할 수 있기 때문이다. 커피와 간단한 빵도 함께 판다는 장점 덕분에 혼자 운영하는 1인 카페가 다양한 소비자들의 간편 메뉴로 주목을 받고 있다. 그리고 코로나19로 인해 물가 상승과 인건비의 문제로 인한 시기와 맞물려 관심과 사랑을 받고 있다. 다양한 카페 상품의 개발로 인해 기존의 빵집도 상품개발로도 이어진다.

우리는 오랜 시간 기술력과 노하우와 자본력을 바탕으로 창업을 했지만 요즘 소규모 카페들은 오랜 기간 기술력을 쌓은 업체들의 도움을 받는다. 업체들은 좋은 품질, 저렴한 가격의 제품을 공급하는 터미널 역할을 하면서 새로운 시장의 허브 역할도 함께하고 있다. 지금은 생지 시장은 아직 준비단계이지만 점차 시장은 발전할 것으로 예상된다. 나는 지금보다 더 많은 사람이 아침 식사용으로 빵을 먹을 것이고 빵 시장의 규모가 커질 것이라고 생각한다.

빵을 만드는 사람들은 누구라도 자신이 만든 빵이 최고라고 생각한다. 하지만 자기가 만든 빵이 최고라고 생각해도 다른 사람 입장에서는 다른 집과 크게 다를 게 없다고 하는 경우가 많다. 그래서 많은 빵집을 둘러보고 다녀보고 남과 다른 노하우와 경험들을 쌓아야 한다.

그래서 자신만의 특별한 경험과 노하우, 전문성 등을 고루 갖춰야 한다. 나는 학교와 학원 강의 등을 통해 다양한 고객들과 만나고 소통하고 대화하는 데는 아무런 문제가 없었다. 그런 나의 많은 경험이 나만의 특기가 되어 상품이 되고 아이디어가 된 거라고 생각한다.

같은 장사를 하더라도 상황은 곳곳마다 시시각각 다르다. 자신의 문제점이나 장점을 찾아낼 수 있는 분석력이나 순간 판단력도 갖춰야 한다.

가게 운영하다 보면 가끔 어려운 상황이 온다. 그럴 때 자신만의 경험과 노하우로 항상 해결 중심적인 사고를 가져야 한다. '하늘이 무너져도 솟아날 구멍이 있다' 라는 속담도 있듯이 반드시 자신만의 경험과 생각만으로도 충분히 해결책을 찾을 수 있을 것이다.

매장에서 직접 만들면 시간과 비용은 올라가겠지만 직접 만드는 모습을 자랑스럽게 보여주면 고객들이 바라보는 시선은 달라진다고 생각한다. 다른 사람 시선에 맞추다 보면 정작 내가 가야 할 방향성을 잃을 수 있다. 나만의 아이템과 생각으로 자신만이 잘할 수 있고 즐길 수 있는 외로운 길을 선택하길 바란다. 빵 만드는 비법은 누구나 있지만 장사 잘하는 비법은 나에게만 있다.

　진정으로 잘하는 사람은 자신의 일을 즐기는 사람이다. 다른 이의 시선은 생각하지 말고 나의 위치에서 욕심 부리지 않고 찾아오는 손님에게 늘 고마움과 감사함을 느낀다.

　누군가에게는 내가 만든 빵이 어떤 형태로든 좋은 의미로 전해진다면 나에게는 빵 만드는 일은 행복이고 명예로운 일이다. 노력도 진정성 있게 보여줘야 한다고 생각하고 행동이나 퍼포먼스를 정말 잘할 수 있다면 생색도 내어야 한다. 진짜 내가 잘할 수 있는 걸 뒤로 감추지 않고 정면으로 보여 주는 그 노력도 매력적으로 느낄 수 있을 거라고 생각한다.

타인의 시선을 신경 쓰지 마라

　성공하는 노하우는 계속해서 학습 관행을 통해서 만들어진다. 마케팅 비용을 너무 아끼지 말아야 한다. 브랜딩을 키울 때까지는 기본적으로 지출해야 한다. 비용을 줄이려면 그냥 내가 할 수 있는 범위 내에서만 인지도만 쌓아 가면 된다.

　요즘은 배달을 많이 시켜 먹을 때도 사람들이 맛만 있는 게 아니라 그 실물도 있어야 되고 그런 것들이 더 감각적이거나 일반적으로 나 강박적으로 느껴졌을 때 소비자 만족도가 좋아진다. 베이커리가 주업이 아니면 스트레스와 피로도가 높아진다. 그래서 창업을 꿈꾸고 희망하시는 분들은 벤치마킹이 꼭 필요하다. 온라인 판매, 배달 유통 시장조사를 꼭 해보길 바란다. 맛을 보고 비교해 보고 경쟁력이 있다고 생각하면 욕심을 부려봐도 좋을 것 같다.

나는 이때까지 오프라인 위주로만 장사를 해오다 보니 이제 느꼈던 것은 어떤 비즈니스를 하든 오프라인 말고 온라인 시장에 대한 관심도 가지고 뭔가 접근을 하면 조금 더 좋은 결과물이 나올 것이라고 생각한다. 장사는 벤치마킹이 기본이다.

내가 좋아하는 메뉴 맛있게 먹었던 경험과 기억을 토대로 접근하고 그런 사람들한테 차별성을 줌으로써 더 좋은 경험을 제공한다. 경험이 없는 사람들은 그런 사실을 모른다.

빵을 30년 만들면서 느낀 것은 기본기를 단단히 다지고 실패와 좌절의 고통을 맛보면서 오랜 경험들을 자신만의 노하우로 쌓아 전문성을 만들어야 된다. 자신만의 전문성을 가진 특기가 손님들에게 전달되면 반드시 살아남을 수 있다. 누구나 다 만들 수 있는 빵이지만 그곳에 가야만 맛볼 수 있는 빵이라면 이야기는 달라진다. 그곳에 가야만 먹을 수 있고 그곳에서의 특별한 퍼포먼스를 즐길 수 있다는 생각에 고객들은 발길이 끊이질 않을 것이다.

어떤 빵집이든 빵은 다 있다. 더 많은 종류와 비싼 빵도 많을 것이다. 그리고 각 빵집마다 판매하는 방법도 다 다를 것이다. 어떤 방법으로 어떻게 팔 것인가를 고민하고 해결해야 하는 것은 각자의 능력이다. 그 해결 방법을 헤쳐 나가는 방법은 오직 공부와 생각뿐이다.

 빵을 만드는 것은 기능이고 어떻게 만들까는 기술이며 어떻게 판매해야 되는 것은 마케팅이다. 이 모든 것을 다 더한 것이 경영이다. 빵집을 창업하고 장사를 한다는 것은 1인 사업가이자 사장이다. 고객이 좋아하는 것을 생각하고, 생각한 것을 만들고, 만든 것을 판매하는 고객과 소통하는 영역의 문제다.

 기존의 것은 편안하고 익숙하고 안전하다. 이런 것들을 버린다는 것은 굉장한 두려움과 실패를 내포하는 것이다. 하지만 변화하지 않으면 안 된다. 좋아하는 것을 하려면 좋아하지 않는 것을 해야 하는 용기와 결단이 필요하다. 명심해라. 현실은 생각과 다르다.

 창업을 시작하면 모든 책임은 사장의 몫이다. 힘들다고 포기하지 말고 지나간 일들은 후회하지 말라. 그럴수록 더 힘들어지는 것은 자기 자신이다. 새로운 도전이 나만의 가치를 만들고 오직 자신만의 색깔과 스타일을 만들어라. 당신 자신이 보여주는 가치에 걸맞도록 보상받을 수 있다.

○ 나눔 실천 컨설팅 대표
○ 마술대회상
○ 공저 시집 『그대는 사랑처럼 그대는 향기처럼』
○ 노인스포츠지도사
○ 실버두뇌건강 지도사
○ 네이버 검색: 조경순
○ 유튜브 검색: 석류 TV

이메일 88329392@hanmail.net
브런치 https://blog.naver.com/whrudtns8832
연락처 010-5519-5201

조경순

05

1인 기업 나눔실천컨설팅 성장 스토리

IMF 실직 후 창업 홀로서기

1인 기업가, 강사, 마술사
배워서 나누자를 실천하는 사람

19년간 직장을 다녔고 IMF 후 실직하고 1인 기업 강사로 준비를 시작했다. 배운 것을 나만의 브랜드로 만들고 나눔을 실천하는 강사로 지금도 도전은 계속 이어지고 있다.

배움에는 끝이 없다는 말이 있듯 도전하는 것을 좋아하고 내가 알게 된 것을 나눔으로서 행복한 삶을 살고 있다. 새로운 도전은 나에게 희망을 준다.

1인 기업 나눔실천컨설팅
성장 스토리

내가 잘할 수 있는 강사로 행복한 삶을 설계하고 싶었다

두 아이를 키우면서 열심히 직장을 다녔고 승진 시험 합격을 해서 행복한 날만 기대하고 있었다. 그런데 IMF라는 현상이 내 인생을 바꾸어 놓았다. 부부가 함께 같은 직장을 다니는 사람은 퇴직을 해야 했다. 만약 퇴직하지 않으면 보직을 없애 버린다는 말에 한 사람은 퇴직을 할 수밖에 없었다. 그 이후 인생설계를 다시 해야 했다. 앞으로 무얼 하지 고민만 하는 세월을 보냈다.

금융계 종사하다 보니 잘할 수 있는 일은 창구 손님 응대, 매일 전표 계산 대차대조표, 손익계산서 작성, 보험 업무가 대부분이었다. 막상 퇴직 후 어떤 일을 찾아야 하나 생각만 하고 떠오르는 직업이 없었다. 다른 일을 할 거라고는 상상조차 하지 않았다. 매일 하는 일은 아이들 등교시키고 나면 집안일에 하루 일과를 보냈다. 평범한 가

정주부로 나만의 삶은 없었다.

  남편과 자식을 위해 내가 할 수 있는 일을 다했다. 그러나 내 삶은 무기력해지기 시작했다. 매일 같은 일상에 우울감이 나를 괴롭혔다. 직장에서는 꿈이 있었다. 직급이 올라가고 경제적 여유와 함께 행복한 삶이 보장되었기에 나름 열심히 일했다. 꿈을 다시 도전하기 위해 우울감을 이겨내야 했다. 항상 바쁘게 집안일을 하고 취미로 등산을 하면서 우울감을 해소시켰다. 아이들이 성장해서 각자 맡은 책임을 다해주니 나도 다시 무엇을 잘할 수 있는지 내가 살아온 세월을 돌이켜 보았다.

  학창 시절 임원을 하면서 학급을 이끌어 왔던 일, 일찍 가서 청소도 했던 일, 남보다 빨리 등교를 해서 부지런하다고 칭찬을 받았던 일, 직장에서는 여직원회 회장을 맡아서 봉사도 했던 일 나의 장점들을 찾아보기 시작했다.

  장점 속에 내가 잘 했던 일들이 머릿속을 스쳐 지나갔다. 나는 사람들 앞에서 말을 잘하고 리더도 잘 했었다. 연수 시절 200명 연수생들이 모인 자리에서 발표를 한 일, 창구에서 손님을 친절히 응대를 잘 했던 일들이 떠올랐다. 그럼 내가 잘 수 있는 일은 강사라는 생각이 들었고 강사로 새로운 길을 찾기 시작했다.

  '무슨 강사를 하지' 생각했다. 간절히 원하면 길이 열린다는 말을 믿는다. 우연의 일치일까 둘째 아이 친구 학부모님이 평소 나를 지켜보다가 어느 날 사회복지 공부를 하라고 권했다. 참 고마운 일이었다. 강사의 길을 선택은 했지만 어떤 길로 가야 할지 망설였는데 사회복지라는 길을 안내해 주셔서 정말 감사했다. 사회복지와 관련된 강사를 해야겠다고 결심한 이후 지금까지 나의 배움은 진행형이다. 사회복지 분야는 넓다. 어느 한 분야에 머물러 있는 것이 아니라 인간의 삶의 질 향상이 목적이기 때문에 사회 전반적인 문제를 다 포함하고 있다. 참 선택을 잘 한 것 같다. 내가 선택한 이 길이 후회 없도록 설계를 잘하려고 한다.

누구나 자신이 잘할 수 있는 일을 한다는 것은 행복한 일이다. 나 역시 잘할 수 있는 일을 선택했기에 지금 행복하다. 강사를 할 수 있도록 지금까지 내가 설계한 모든 일들은 1인 기업으로 성장하는데 좋은 거름이 되고 있다. 그중에서 내가 중점을 두는 일은 강사 역량 강화이다. 배움은 끝이 없다는 말도 있지만 나는 배움에서 행복을 찾는다. 강사가 나의 길이기에 행복한 삶을 위해 1인 기업을 창업했다.

IMF 후 강사로 1인 기업에 도전하다

실직을 하고 그동안 아이들에게 못해준 엄마 노릇을 한다고 열심히 살았다. 아이들은 자기 할 일들을 하면서 잘 성장해 주었다. 덕분에 내 삶을 살 계획을 세워야 했다. 평소에 배움에 갈망하고 있던 나였고 강사로 행복한 삶을 살고 1인 기업까지 창업을 하려면 준비가 필요했다. 인생에 있어서 최고의 행운인 아들 친구 학부모님을 만난 것이 강사의 길에 터닝포인트였다. 공부해 보지 않겠냐고 권유를 했다. 먼저 대학에 들어갔다. 사회복지학을 공부하면서 자격증을 취득하기 시작했다. 학과 관련 자격증을 비롯하여 취업에 관계되는 자격증, 학교 수업을 마치고 야간에 학원을 다니며 공부를 또 하고 열정을 불태웠다.

대학시절 조별 발표 시간에 담당 교수님께서 나에게 해 준 한마디 "발표를 너무 잘하시네요."

칭찬이 강사를 할 수 있었던 큰 밑거름이었다. 그날 이후로 자신감이 생겼다. 강사를 해야겠다는 마음이 더욱 확고해졌다. 칭찬 한 마디가 엄청난 효과를 만들어 냈다. 강사의 시작은 학과장님께서 열어 주셨다.

내 열정을 보시고 학과장님께서 차문화상담 공부를 권하셨다. 내가 다니던 대학이 차문화로 특화된 학교였다. 도전해 보자 결심하고 차문화상담 과정 반에서 자격증을 취득했다. 바로 교수님의 추천으로 수업을 시작했다.

첫 번째로 내가 했던 일은 보호관찰소 청소년들을 대상으로 하는 수업이었다. 수강명령을 받고 40시간 집단상담을 받아야 하는 학생이다. 정서적으로 불안정한 학생을 대상으로 치유하는 프로그램이었다. 두 번째는 대학 내 복지센터에서 자원봉사로 차문화상담프로그램 강의, 세 번째는 대학 내 평생교육원에서도 차문화상담프로그램 강의를 했다. 강의할 때마다 부족한 부분이 많다는 점이 느껴져서 다시 대학원 진학을 했고 사회복지학 전공을 선택했다. 모든 사람의 삶의 질 향상을 위해 내가 도움을 줄 수 있는 매력 있는 학과를 공부하면서 마음이 뿌듯했다.

사람의 인연은 어떻게 연결될지 모르는 게 우리 인생이듯 또 한 번 인생의 은인을 만났다. 내가 열정을 가지고 열심히 활동하고 있으면 누군가가 손을 내밀어 주는 경험을 했다. 우연히 치매 예방 자격증 과정에 공부하러 갔는데 강의 오신 교수님께서 나의 이력을 보시고 시간 일부분을 할애해서 강의를 주셨다. 수강생들 반응은 기대 이상이었다. 어떤 일이 우연히 찾아오지만 준비가 되지 않으면 기회를 놓치게 된다. 나의 강의 시작은 오로지 열정 하나로 꾸준히 준비를 하고 있었기에 기회가 왔다. 그 기회를 놓치지 않음에 강사로 성장할 수 있었다.

또 다른 기회가 왔다. 대학교 평생교육원에서 치매재활 레크리에

이션 자격과정에 강의가 들어왔다. 평소에 잘할 수 있는 강의였지만 강의 준비를 철저히 했다. 자료를 꼼꼼히 살피고 준비물은 빠진 게 없는지 새로운 내용의 자료들이 있는지 치매와 관련된 기관의 자료들을 다운 로드해서 준비를 했다. 무료로 다운로드할 수 있는 자료들도 있지만 기관에 요청해서 사용할 수 있는 자료들은 사용처를 기재하고 자료 수집을 했다. 자료 준비를 완벽하게 해서 수강생들에게 수업 진행을 했다. 나만의 기법으로 강의를 했지만 준비한 내용과는 맞지 않는 경우가 많았다. 다행인 것은 실제로 강의 진행을 하다 보면 창의적인 생각이 많이 떠오른 경우도 많았고 수강생들의 아이디어를 배우기도 했다. 좋은 경험이 많이 쌓여갔다. 이 또한 나의 지적재산이 되고 기법들이 쌓여서 강의자료가 풍부해졌다. 이렇듯 도전정신이 강사로서 1인 기업으로 성장할 수 있었다.

새로운 강의 콘텐츠 개발

강의 출발은 좋았다. 대학교 평생교육원, 구청 평생학습관에서 자격증 강의를 했지만 시간이 지나니 강의가 줄어들기 시작했다. 특히 구청 평생학습관에서는 강사에게 똑같은 강의분야를 계속해서 열어주지 않았다. 내가 잘할 수 있는 강의가 점점 줄어들자 위기를 느꼈다. 어떻게 다른 대안을 마련해야 했다. 노인과 관련된 분야의 강의를 찾기 시작했다. 기회는 우연히 온다고 말했듯 치매 강의 오신 교수님께서 노인스포츠지도사 자격증 취득을 권유했다. 처음엔 무슨 자격증이지 하고 알아보았다. 노인과 관련된 국가자격증이었다. 선택의 여지가 없었다. 기존 강의와 접목시키면 나만의 콘텐츠가 탄생되겠구나 싶어 도전을 했다.

지금 시대는 치매예방과 인지 분야의 자료가 홍수처럼 쏟아져 나오고 있다. 치매안심센터, 복지관, 주간보호 센터, 경로당 등에서 치매와 관련된 수업이 활발히 진행되고 있다. 앞으로 초고령 사회로 들어가는 시점에 강사들이 많이 필요하다고 본다. 국가가 인정하는 자격증이면 경쟁력이 있고 노인분야에 강의를 할 때 아주 유용하게 쓰임새가 있다고 판단했다.

우리 사회는 온갖 자격증 홍수 시대이다. 특히 노인분야는 민간자격증이 너무 많다. 현재로는 노인분야 국가자격증은 노인스포츠지도사뿐이다. 새로운 콘텐츠 개발에 있어 노인스포츠지사자격증은 필수였다. 또 다른 도전을 시작했다. 노인스포츠지도사 자격과정은 필기 5과목, 실기 시험, 연수 90시간 1년 과정이었다. 쉽지 않은 도전이었지만 꿈을 가지고 도전하면 어려움이 있어도 끝까지 해내는 힘이 스스로 생겨나는 좋은 경험을 했다. 필기시험 합격, 실기시험 합격, 연수 1년 과정을 다 마쳤다. 합격증을 보는 순간 도전해서 성공을 이룬 기쁨은 경험해 보신 분들만의 특권이라고 생각한다.

합격 도전기를 잠시 나누자면 자격증과정반에 등록을 하고 수강생들과 함께 스터디를 하기 시작했다. "빨리 가려면 혼자 가고, 멀리 가려면 함께 가라"라는 아프리카 속담이 있다. 서로 길동무가 되어주면 혼자서 공부하기 보다 시너지 효과로 합격을 할 수 있다. 필기 5과목 스터디 자료를 만들어서 나누어 주고 서로 질문을 통해 도움을 주고받으면서 공부를 했다. 매년 필기 합격률이 높은 편이 아니어서 혼자서 공부하기보다는 스터디 공부를 권유한다. 국가자격증 시험은 책을 반복해서 보는 게 지름길이다. 필기 합격 후 실기시험 또한 스터디를 통한 연습이 효과가 있었다. 필기, 실기 통과하면 연수가 있는데 90시간 긴 시간이지만 목표가 있으면 90시간은 긴 시간이 아니었다. 모든 과정이 끝나고 합격증을 내 손에 들고 스스로 칭찬을 했다. 잘 해주었고 이제 새로운 콘텐츠로 나아가라고 안아주었다.

노인스포츠지도사 자격증을 취득하고 이론 강의를 시작했다. 시작은 2개 과목만 평생학습관에서 강의를 했고 자료 준비를 철저히 했다. 기존 강의 분야와는 다르기 때문에 공부를 하지 않으면 수강생들을 합격 시킬 수 없었다. 무엇이든 시작이 중요하다. 자료를 만들어서 수강생들에게 나눔을 하고 열정을 불태웠다. 수강생들의 피드백은 귀에 쏙쏙 들어오는 강의, 핵심만 뽑아서 전달하는 강의, 암기 기법 강의 등 많은 피드백을 선물처럼 받았다. 이후 계속해서 여러 기관에서 강의 요청이 들어왔다. 한 기관에서 필기 5과목 강의 요청이 들어왔다. 수강생 피드백이 너무 좋아서 다음 강좌에 계속해서 진행을 해 달라고 했다. 지금 5년째 강의를 하고 있고 이제는 전국적으로 강의 요청이 들어오고 있다. 위기 때 새로운 도전으로 나만의 강의 콘텐츠가 만들어졌다. 노인스포츠지도사 국가자격증은 전망이 아주 높다. 꿈이 이루어졌다.

나눔실천컨설팅

나는 나눔이라는 말을 마음에 새기고 살아가고 있다. 세상은 혼자서 잘 한다고 해서 돌아가지 않는다. 무엇을 하든 함께 가야 시너지 효과가 있다. 나 혼자만 열심히 공부를 하고 개발을 했다 해도 아무도 알아주지 않으면 아무 소용이 없다. 나는 이런 사람입니다. 이런 업체입니다. 광고를 하고 홍보를 해야 나를 찾아주는 세상이 되었다. 지금은 SNS가 대세이다. 특히 강사를 하려면 홍보가 중요하다. 그러기 위해 내가 가지고 있는 콘텐츠를 소개해야 한다. 여기서부터 나눔이 시작된다. 강사로 성장하고 제2의 인생을 설계하기 위해 나눔실천컨설팅 브랜드를 만들었다.

제2의 인생을 설계하면서 새로운 인생철학이 생겼다. 베풀고 나누면서 살자. 그것이 무엇이 되었던 꼭 강사로서의 지식과 재능이 아니더라도 강사의 길에 도움이 되는 것들 중 나누자고 마음만 먹으면 나눌 것이 많다. 내 것을 내어주고 다른 사람들의 자료나 지식을 빌려오거나 나눔을 받으면 된다. 예로 예전에 상담사로 학교에 근무하면서 가지고 있던 자료들을 다 나눔 했다. 지금 하는 일에는 많이 사용이 되지 않기 때문이다. 이렇게 내가 베풀고 살 수 있어서 참 행복하다. 나눔은 가치가 있는 일이기에 앞으로도 어떤 일을 하든 베풀고 나누는 일은 멈추지 않을 것이다.

나눔컨설팅의 성장에는 강사의 호기심과 끊임없는 배움도 중요하다. 세상에는 무수한 일이 많다. 내 인생을 지금까지 버티게 해 준 것도 세상을 바라보는 관심에서 비롯되었다. 궁금한 것이 있으면 해결을 해야 했다. 타인들에게 물어보거나 인터넷, 책자 등 찾아서 내 것으로 만들었다. 또 배움이 있는 곳이면 어디든 찾아다녔다. 학습할 수 있는 곳은 다양하다. 공공기관, 사설기관 등 강좌가 있으면 내 강의와 연관 있는 것은 물론 일상생활에 도움이 되는 것들은 시간이 맞으면 설렘으로 강의를 듣고 있다. 끊임없는 호기심은 내가 죽을 때까지 하지 않을까 싶다. 호기심은 내가 살아있다는 증거이다. 아인슈타인은 "나는 특별한 재능이 있었던 것은 아니다. 단지, 호기심이 왕성

했을 뿐이다"라고 했다. 타인들도 나의 강의 컨설팅에 대한 호기심을 가지고 문을 두드리지 않을까 기대한다. 나 또한 계속 호기심으로 내 인생을 반짝반짝 빛을 내며 살고 싶은 소망이 있다. 강사는 끊임없는 호기심이 있어야 성장하고 변화할 수 있다.

현재 호기심의 발동으로 마술을 배우고 있다. 마술이 나눔컨설팅에 있어 새로운 전환점이 될 것 같다. 새로운 콘텐츠를 개발하는 것도 나눔에 있어 중요하다. 얼마 전 마술대회를 다녀왔다. 참가하신 선생님들의 나이가 다양했다. 여든이 넘은 마술사님도 계셨다. 심사위원을 하신 선생님은 65세에 마술을 시작했다고 하셨다. 60세 이상 일부 마술사님들은 배워서 재능기부도 하고 봉사를 하며 행복한 인생을 즐기고 싶다고 했다. 베풀고 나눔이 행복을 가져다줌을 알게 된 계기가 되어서 나 역시 마술 재능을 나눔 하며 멋진 인생을 살고 싶다.

나눔의 실천이 나의 강점으로 된 계기가 있었는데 어느 날 한 선생님께서 제게 말을 했다. "선생님이 가지고 있는 능력을 세상에 꺼내놓지 않으면 그것도 죄입니다". 어떻게 보면 무서운 말인 것 같다. 죄, 곰곰이 생각하게 되었다. 나 혼자 알고 있으면 내 지식이 아니다. 내가 가지고 있는 강점들을 나누면 받는 사람도 즐거운 마음과 행복을 동시에 가질 수 있는 좋은 무기인 것은 분명하다. 그래서 내가 가지고 있는 것들을 부탁하면 기꺼이 나눔을 실천하고 있다. 내가 강사로서 성장할 수 있었던 가치 있는 일이 나눔 실천이었다. 앞으로 강사로서 성장을 하고 싶다면 내 브랜드 나눔실천컨설팅을 찾지 않을까 기대를 해 본다.

함께 성장하고 동행하는 길

아침 6시가 되면 화장기 없는 얼굴로 줌 화면에 앉는다. 창업과 개인사업을 하시는 강사님들의 진솔한 모습을 함께 한다. 무엇이든지 물어보세요? 각자 궁금한 점을 물어본다. 정보 교환을 한다. 강의하는데 필요한 여러 가지 것들 나 혼자만의 배움이 아닌 강사님들과 함께 지식과 지혜를 공유하는 시간이다. 강사님들이 함께 성장하는데 많은 도움을 받고 있다.

아침 시간은 게으름을 피울 수 있는 나를 채찍질하는 시간이다. 아침형 인간이 아니라서 힘든 점도 있지만 혼자가 아닌 함께 한다는 힘을 빌려 아침 6시가 되면 컴퓨터에 앉는다. 하루의 출발 시작 습관이 안 된 나에게는 몸이 피곤하지만 24시간을 알뜰히 사용하기 위해 노력을 했다. 아침 시간은 내게 있어 하나의 든든한 보물창고다. 정보를 무궁무진하게 저장할 수 있도록 창고를 크게 지었다. 보물창고에 보물이 가득 쌓이는 날까지 강사님들과 정보교환은 계속될 것이다. 매 번 똑같은 강의는 할 수 없다. 강의를 잘할 수 있는 노하우를 서로 공개해 주시기 때문에 원원하는 장이 열려 있어서 든든하다.

　습관이 나를 지배한다고 생각한다. 습관이 바뀌면 행동이 바뀌고 행동이 바뀌면 인생이 바뀐다. 생각만 하고 실천하지 않으면 아무 일도 일어나지 않는다. 실천하는 습관을 길들이면 하나의 강한 무기가 될 수 있다. 삶을 변화 시키도 한다.

　강사로 창업을 해서 계속 증진하는 길은 같은 분야의 강사들과 함께 성장함에 있다. 성장을 위해 정보가 아주 중요하다. 카톡 방이나 밴드를 통하여 좋은 교육과정이 있으면 서로 안내를 했다. 그리고 타분야 강의 의뢰를 받으면 주제에 맞는 강사를 소개도 하고 타 강사로부터 강의 의뢰를 받기도 해서 함께 가야 지속적인 강사를 할 수 있다. 또 같은 분야의 강의는 협업하는 것도 좋다. 예로 평생교육원 실버인지 강의 의뢰를 받은 강사님께서 회기를 나누어 함께 진행해 보자고 권유를 해서 성공적으로 강의를 마무리한 적이 있었다. 이후로 그 기관에서 지금까지 실버인지 분야를 계속 진행하고 있다.

　강사는 한 번 강의로 끝나는 것이 아니라 후속 강의 요청을 받을 때 보람을 느끼고 계속 성장할 수 있다. 나눔으로 성장한 강의가 연결된 사례를 소개하면 노인스포츠지도사 강의를 할 때 이론 부분이라서 수강생들이 교재만으로는 공부하기가 힘이 든다. 각 과목마다 휴대하면서 공부를 할 수 있도록 요점정리, 기출문제 등 다양하게 자료를 만들어 외울 수 있도록 워드 작업을 해서 나눔을 했다. 강의 시간 이외에 줌에서 보충강의를 했다. 수강생들의 강의 평가는 좋았고 기관 담당자도 강의 평가가 잘 나왔다고 만족해 했다. 또 다른 실버인지 자격증 과정 후속 강의도 연결이 되었는데 실습분야가 많았다. 실습자료는 직접 만들고 강의가 끝나도 수강생들이 자료만 보아도 할 수 있도록 강의 자료도 나눔을 했다. 한 과정의 강의가 끝나면 경험이 쌓여서 노하우가 되었다. 다음 강의 때는 만들어 놓은 자료에다 수정 보완을 하면 새로운 또 하나의 자료가 되었다. 나 또한 다른 강사님들로부터 자료 나눔을 받기도 하였다. 나눔을 실천한 결과 후속 강의가 계속 연결되었고 기관의 프로젝트 사업의 한 분야로 실버인지 자격증 과정 강의를 요청받았다.

강사는 함께 성장하고 함께 가야 한다고 생각한다. 나눔의 힘을 믿고 1인 기업으로 다 함께 성장했으면 한다. 앞으로 초고령 사회로 진입을 하게 되면 실버 분야에 일자리가 많이 필요하다. 1인 기업으로 창업에 강사라는 직업을 선택했으면 한다.

도전과 배움 나눔의 끈을 놓치지 말자

땅에 식물을 키우듯이 마음속 깊은 곳에 성공의 씨앗을 심었다. 씨앗이 싹트기 위해 한 일은 생각을 바꾸는 것이었다. 도전을 하자, 나는 해 낼 수 있다는 생각의 씨앗을 마음에 심고 구체적으로 계획을 세워 행동을 했다. 일본 속담에 '꿈틀거려야 뱀이다' 라는 말이 있다. 맹독을 지니고 있어도 움직이지 않으면 지푸라기와 같다는 뜻이다. 생각만 하고 행동하지 않으면 무용지물이다. 내가 한 일중에 제일 잘한 것 중 하나가 도전이었다. 도전을 했기에 지금 나만의 콘텐츠로 강의를 하고 있다.

한국강사교육진흥원 원장님께서 "1%의 가능성이 있다면 도전하라"라는 말씀이 내 마음에 저장되어 있다. 어떤 일이 내 앞에 왔을 때 도전을 할 수 있게 만드는 원동력이 되고 있다. 1%의 가능성을 가지고 도전을 하려면 생각과 에너지가 매우 필요하다. 도전하는 힘듦은 있겠지만 나는 스스로 도전의 아이콘이라고 자부하면서 잘 해낼 수 있을 거라는 신념이 있기에 도전을 두려워하지 않고 있다. 이 도전의 아이콘 힘이 강사로 1인 기업 창업을 할 수 있게 해 주었다.

마술의 도전은 또 하나의 콘텐츠다. 마술로 강의도 열고, 재능기부도 하려고 한다. 나이가 들면 다른 분야 강의는 힘들지 몰라도 마술은 강사를 계속 유지할 수 있는 하나의 매력 있는 분야다. 강사로서 1인 기업 유지에 도움이 되는 분야이다.

강사를 시작한 지 11년째 처음에는 대학에서 배운 지식만으로 강의를 했다. 강의가 많지는 않았지만 끊임없이 노력을 했다. 죽을 때까지 배워야 한다는 말에 동감을 한다. 아이, 청소년에게도 노인들은 더 말할 게 없고 책에 있는 것만 배우는 것이 아니다. 경험을 배우는 것은 무엇으로도 살 수가 없다. 강의를 할 때마다 뭔가 부족함을 많이 느껴 대학원에서 학위를 받고 본격적으로 창업을 했다, 내 적성에 딱 맞는 강사의 길 선택을 너무 잘했다. 지금까지도 강의를 위해 공부하면서 투자한 시간과 노력은 아깝지 않으며 타 분야 자격증 취득 잠시도 멈추지 않고 있다.

강사를 계속하기 위해서는 자기 계발이 중요하다. 시대는 급변하고 있다. 인공지능의 시대에 흐름을 놓쳐서는 안 되기 때문이다. 이 또한 성장을 위해 배워야 한다. 계절이 바뀌듯 세상도 변한다. 급변하고 있는 시대, 예전에 내가 공부했던 것들은 현실에 맞지 않는 것이 많다. 그럴 땐 빨리 시대의 흐름에 따라야 한다. 그것 또한 하나의 기회이기 때문이다. 성공의 또 다른 길이다.

강사는 가지고 있는 능력을 나누면서 함께 성장하고 동행 하는 것이 창업의 성공 지름길이라고 본다. 도전과 배움, 나눔으로 창업에 성공을 하고 그 성공을 나눔 하면서 사는 것도 보람 있었다. 성공도 나눌수록 기쁨이 2배가 된다. 성공을 향해서 내가 해 왔던 많은 것들을 나누면 또 다른 성공할 수 있는 일들이 부메랑처럼 돌아서 오기 때문이라고 믿고 있다. 무엇이든 꼭 쥐고 있지 말고 나눔을 실천하

자. 나눔 또한 1인 기업인이 성공하는 데 꼭 필요하다고 본다.

배워서 나누자 내 인생철학처럼 나눔이 강사로서 여기까지 올 수 있었다고 믿는다. 앞으로도 강사를 하고 있는 한 나눔의 실천을 계속할 것이다. 나는 나눔으로 성공을 했다.

○ 경험디자인실험실 대표
○ 취업/창업/사회적경제분야 전문 컨설턴트
○ 진로/기업가정신/체인지메이커 콘텐츠 개발 및 강사
○ 자격증 보유
　국가자격 : 평생교육사, 직업상담사, 사회복지사,
　　　　　　청소년지도사
　민간자격 : CS강사, 디자인씽킹 퍼실리테이터,
　　　　　　한국양성평등교육진흥원 위촉강사 외다수

이메일　pedgrowex@gmail.com
블로그　https://blog.naver.com/growex
인스타그램
https://www.instagram.com/growexedu/
연락처　010-4430-6271

허안나

06
사회를 변화시키는 교육실험
〈경험디자인실험실〉
새롭게, 적용 가능하게, 재미있게

사회문제를 해결하는 사람들과 함께 자라고 싶어
더 나은 삶을 제안하고 있습니다.
1인 기업가, 작가, 강사, 코치, 콘텐츠 기획자로
N잡러의 삶을 살고 있습니다.
진심을 다하는 교육을 콘텐츠 기획
메시지를 통해 동기부여하는 작가와 강사
존재 가치를 증명하며 인정 받는 모습으로 성장을 함께하는 코치
사회에 도움되는 교육 환경을 구축하는 1인 기업가

다양한 역할 해낼 수 있는 있는 이유는 "세상을 바꾸는 사람들을 양성하고 있다"는 가치가 너무 매력적이기 때문입니다.

잠재력을 뛰어넘을 수 있도록 돕고 싶고 재미있는 경험으로 활력을 주고 싶습니다. 새로운 아이디어를 세상에 소개하는 과정을 함께하는 든든한 조력자가 되고 싶어 내 아이디어를 실험해 볼 수 있는 〈경험디자인실험실〉을 만들었습니다.

사회를 변화시키는 교육실험
〈경험디자인실험실〉

함께 자라기 위해 선택한 1인 사업가의 길

'내가 세상을 변화시킬 수 있다면 어떤 기분일까?' 굉장히 막연하고 뜬금없는 질문을 던지게 되면서 나는 '선한 영향력'에 매료된 삶을 살아왔다. 사회에 어떤 도움을 줄 수 있을지 고민하며 대학생 때는 학부 활동과 더불어 동시에 하는 대외활동이 5개나 되었다. 이 활동 모두 지역사회의 변화를 위한 리더 활동, 봉사동아리 활동, 청소년들의 사회 변화 행동을 돕는 멘토 활동이었다.

유토피아를 꿈꾸는 철없는 생각이 행동으로 이어져 지금은 고객들이 경험을 통해 잠재력을 알아차릴 수 있게 도와주고 더 나은 삶을 찾아갈 수 있게 돕고 있다. "경험디자인(경험디자인이란 경험을 통한 잠재력을 알아차려 더 나은 삶을 찾아갈 수 있도록 돕는 교육용어로 작가가 새롭게 정의한 용어입니다.) 전문강사 허안나"라고 나를 소개한다. 사회복지사, 취업 컨설턴트, 교육기획자 그리고 지금에 이르기까지 삶의 로드맵을 생각해 보았다. 나는 '직접 도움을 주는 사람이 되고 싶었고', '변화를 만드는 사람이길 원했으며', '변화를 만드는 사람이 많아지길 원한다'는 바람을 가지고 직업을 가졌다.

  사회의 긍정적인 변화를 꿈꾸며 다음 커리어로 1인 기업가의 삶을 선택했다. 정해진 메세지를 전달하는 스피커가 아닌 정말 도움이 되는 메시지를 전하는 사람이 되자는 결심이 창업의 길로 나를 이끌었다.

  교육기획자로 스타트업에 취업하자마자 3개의 입찰에 성공했다. 신입사원 6개월 만에 사업 PM(Project Manager란 프로젝트의 계획과 실행에 있어 종합적인 책임을 가진 직책 또는 직무)이 되었다. 뼈를 깎듯 모든 것을 내던지며 일하는 나를 보고 우스갯소리로 "그렇게 일 할 거면, 네 일을 해"라고 이야기하던 주변 사람들의 말이 현실이 되어 버린 건 조금 웃픈 사연이다. 요령은 없어도 성실함을 무기로 일하던 신입 시절 나의 경험이 '왜 일하는가?'에 대한 본질적인 질문으로 이어졌다.

  1인 사업은 더 나은 삶을 위한 제안과 사람들을 연결하는 기회를 제공하는 사람으로 성장하게 해 주었다. 나는 이 연결이 세상에 변화를 꿈꾸는 이들에게 행복한 시간을 제공할 것이라 믿는다. 그리고 내가 선택한 교육업이 누군가의 문제를 해결해 주고 사회에 긍정적인 영향을 미칠 수 있다고 생각한다.

교육을 통해 참여자들이 스스로 답을 찾을 수 있도록 도와주는 페이스메이커로서 변화되는 사례를 찾아가며 점차 구체적인 사업 가이드를 만들었다. 참여자들이 가지고 있는 문제를 해결하기 위한 교육 프로그램을 통해 진짜 문제를 찾아 가고있다. 학습자들과 함께한 기업가정신, 체인지메이커 교육을 통해 논하던 소셜 임팩트를 만들어가는 과정을 직접 실행하고 있는 것이다. "Real Life Project" 삶의 모든 순간에 마주하게 되는 문제가 기회로 변화되는 경험을 만드는 교육회사가 바로 〈경험디자인실험실〉이 될 거라 믿는다.

'씨앗을 심어가는 여정이 너무 멋진 것 같아요.' 지속적으로 콘텐츠 개발을 요청해 주는 한 파트너사 담당자의 말처럼 씨앗을 심는 역할 속에 관계를 연결하는 비즈니스가 나의 길이 되었다. 사회를 변화시키는 사람들을 양성하는 일이 내 방향이 되었듯 나와 함께 프로젝트를 하며 삶의 방향성을 찾은 참가자의 말이 나에게는 좋은 성과를 확인하는 길이 된다.

"멋진 사업 성공해서 연락드릴게요.", "덕분에 스타트업 CEO가 되어야겠다는 꿈을 꾸게 되었어요." 사회에 이로운 변화를 만들어 가는 사람이 많아진 것에 감사하며 이제는 세상을 변화시킬 우리의 과정을 응원해 본다.

파트너십을 통해 찾은 잠재력

생각이 행동이 되게 하는 마법은 바로 프로젝트를 만드는 것이다. 프리랜서 강사로 어느 정도 자리를 잡고 직장에 다닐 때보다 2배의 수익을 내게 되는 달이 간헐적이지만 늘어나고 있을 때 '강사는 자기 콘텐츠가 있어야 한다는데' 하는 고민이 찾아왔다. 프리랜서이지만 파트너 강사로 활동하고 있어 나의 가치와 메시지를 담은 콘텐츠가 많지 않았던 시기였다.

이때 파트너사에서 콘텐츠 제작 의뢰가 들어왔다. 내가 하는 강의를 보며, 전달하는 가치와 방식이 파트너사가 추구하는 방향과 잘 맞을 것 같다는 피드백을 받고 생각을 구조화하고 표현할 기회를 가졌다.

막연히 콘텐츠를 만들어야 한다는 생각이 실현된 순간이다. 물론 고객이 원하는 방향으로 조정하는 커뮤니케이션의 작업이 필요했지만, 그 과정을 경험하며 고객 중심 사고를 할 수 있게 되었으니 내가 가진 재능으로 돈도 벌고, 가치도 제공하는 의미 있었던 작업이었다.

일은 주저하고 고민하며 자료를 조사하는 시작 전의 단계보다 직접 뛰어들어 경험하는 과정에서 더 많은 배움을 준다. 콘텐츠 기획자로서 내 아이디어의 잠재력을 경험하였고, 메시지를 전달하며 변화한 참여자를 발견했다. 이렇게 이어진 파트너사와 콘텐츠 기획자로의 연결고리를 통해 6개의 콘텐츠를 개발했다. 결과적으로 콘텐츠를 개발하는 논리를 세우고 의미 있는 메시지를 전달하는 교수설계를 할 수 있게 되었다. 교육을 통한 지식창업에 도전하고 있는 나에게 이 경험은 큰 자산이 되고 있다.

이 경험을 바탕으로 동료 강사들을 만나 참여형 교육 설계에 대해 강의하는 기회들도 만들어가고 있다. 기회를 잘 활용하면 새로운 기회가 연결된다는 사실을 직접 경험하고 있다. 주어진 과업 완성도를 높이기 위해 학습하고 실행하며 상호작용을 지속하고 있다.

'나는 무엇을 전달하고 싶을까?' 에 대한 질문에서 '사람들에게 도움이 되는 메시지는 무엇일까?' 질문이 변화한 것도 파트너십으로 연결된 경험을 통해 찾게 된 잠재력 덕분이다. 게으른 완벽주의자였던 나에게 목표와 기한의 제시는 행동으로 나아가는 길이 된다.

"대부분 홀로 성공하는 사업가들이 아주 열정적인 학생이라는 건 우연이 아닐 것이다. 그들은 공부가 소비가 아니라 투자라는 걸 안다." – 바버라 윈터 실행할 때 우리가 생각해야 하는 요소는 바로 input(배움)과 output(행동)의 균형이다. 삶에 좋은 가치들을 배웠다면 알릴 방법을 모색해 보자. 교육과 관련된 칼럼도 좋고 블로그 글도 좋고 SNS에 기록하는 것도 좋다. 내가 좋아하는 사람들이 모여 있는 곳에서 정보를 제공하는 방법도 좋다. 나는 교육을 하는 사람임과 동시에 먼저 배운 것을 쉽게 안내하여 삶에 적용할 수 있도록 돕는 역할을 하며 커뮤니티를 조직하기도 한다.

마음이 맞는 사람들과 가벼운 연대가 주는 힘을 믿으며, 내가 가지고 있는 교육 철학을 세운다. 함께 자라는 것을 창업의 여정으로 잡았기에 배운 것을 나누고 공유하며 사람들과 소통하고 그 안에서 협업과 연결고리를 만들어 나가고 있다.

잘 해내고 싶다는 마음이 독이 되는 경험

'정말 열심히 살았네요' 나의 이력을 본 비즈니스 파트너들이 전해준 말이다. 맞다 정말 열심히 달려온 여정이었다. 공부하고 적용하고 의미 부여하며 내가 줄 수 있는 무언가를 찾아 헤매는 삶을 살았다. 그 과정에서 딴 자격증과 수료증을 합치면 대략 30개가 넘고, 잠 못 이루고 주말 밤 낮 상관없이 나를 갈아 넣으며 새벽 택시를 타고 귀가하던 경험이 수두룩하다.

잘 해내고 싶다는 마음이 지속 가능한 성장의 동기가 되어주었다. 더 많은 시간 고민하고, 더 많은 순간을 채우기 위한 노력이 모두 좋은 결과로 이어지지만은 않았다. '열심히 하면 잘 될 것이다' 전제를 가지고 했던 행동들이 끝에는 '번아웃'이라는 이름으로 나를 침체기에 빠뜨렸다. 내가 낸 성과가 내 것이 아닌 것 같고, 나의 효용가치가 떨어진 것만 같고, 내가 왜 일하고 있는지 의미를 찾지 못하고 일을 쳐내기 급급한 내 모습이 참 멋없게 느껴졌다. 뭐든지 잘 해 낼 자신이 있었는데 내 기준에 못 미치는 나의 모습이 실망스러웠다. 방향 없는 몰입은 길을 잃게 한다. 열심히 하는 태도는 비즈니스 세계에서 기본값이지, 성공을 보장하는 절대값이 아니다.

의미를 잃고 잠시 쉬고 싶다는 생각이 들었을 때 지금까지 나를 가장 괴롭혔던 업무에서 벗어나기 위해 회피를 선택했던 때도 있다. 아버지 가게를 도와야겠다는 핑계를 대며 회사 대표님의 만류에도 불구하고 프리랜서의 세계에 발을 디딘 것이다. 그저 느슨한 관계에서 스트레스받지 않고 내 할 일만 하고 싶었다. 시간을 나에게 맞춰 운용할 수 있을 것이라는 막연한 생각과 어쩌면 장소 상관없이 자유롭게 일할 수 있을 것이라는 디지털노마드의 삶을 꿈꾸었다. 그리고 또 본능처럼 열심히 삶을 살아갔다. 완성보다 완벽이 중요했던 나에서 의미를 찾아가는 사람으로 조금씩 변화되었다.

나에게 위기는 편안한 수준의 일이 주어질 때 다가온다. 금방 잘할 수 있는 수준이 되면 싫증을 내게 되는데 주기는 1~2년 사이로 다가온다. 하고 있는 일을 수월하게 처리할 수 있는 상태가 되면 다른 도전이 눈에 보인다. 교육기획자에서 프리랜서 강사로 그리고 1인 기업가로 조금씩 커리어를 개발 한 주기가 2년씩이었다. '위기는 기회의 또 다른 말' 이라는 생각으로 도전한 1인 기업가의 과정을 무사히 이끌어 가려면 어떻게 행동해야 할까 많이 고민했다.

고민 끝에 찾은 해답은 나를 가장 괴롭혔던 업무로 돌아가 회사에서 했듯 '허안나 그리고 경험디자인실험실' 브랜딩을 위한 여정을 만들어야 한다는 것이다. 나부터 부탁하는 것보다 들어주는 것이 편한 사람에서 제안하는 사람으로 변화를 시도했다. 이를 계기로 고객이 '원하는 모습으로 변화' 할 수 있도록 도와주는 사람이 되었다.

전자책 소득을 증명하며 한 달에 1,000만 원을 벌었다는 이야기들이 나오던 시기가 있었다. 한번 일하면 지속적인 소득을 창출할 수 있다는 말에 치열하게 고민하면서 써 내려갔던 이야기가 0원 판매된 상황을 보며 더욱 절실히 느꼈다. 내가 먼저 다가가 나를 알리지 않으면 아무도 알아주지 않는다. 나의 서비스를 알리고 그로 인해 도움을 주려면 홍보마케팅과 친해져야 한다.

SNS로 쉽게 연결감을 느끼는 시대에 내가 줄 수 있는 도움은 무엇일까 치열하게 고민하면서 브랜딩하고 있다. 제품이 아닌 변화를 이야기하려고 노력하고 있다. 편리와 효율을 이야기하는 것이 아닌 본질의 이야기를 찾기 위해 노력한다. 즉, 고객에게 줄 변화의 가치가 무엇인지를 더 고려 하게 되었다.

더 나은 삶으로의 경험디자인

경험디자인실험실에는 "Real Life Project"가 존재한다. 삶에 변화를 만들고 싶은 사람들이 큰 의미에서 잠재 고객이라면, 그들의 변화를 지원하는 단계별 서비스를 제공하는 것이다.

모든 사람은 본인의 삶에 기획자가 될 수 있다. 삶에 방향성을 찾기 원하는 (예비)기획자에게는 I project를 통해 자아성찰과 잠재력 발견 코칭 서비스를 제공한다. 사회변화의 주체가 되고 싶은 체인지메이커 기획자에게는 소셜임팩트와 문제해결을 함께 풀어가는 Life project를 지원한다. 실제 제품, 서비스를 통해 고객에게 유익한 비즈니스를 제공하고 싶은 기업기획자들에게는 Real Project를 통해 새로운 기획부터, 기존의 기획을 점검해 임팩트를 찾을 수 있는 방법의 워크샵을 제공한다.

경험디자인에는 더 나은 삶으로 이끄는 힘이 존재한다. 그 힘은 고객에게서부터 나오며 고객은 가치 부여를 통해 변화하는 삶의 모습을 직접 목격한다. 경험은 내 안에서 나오는 잠재력을 의미하고, 디자인은 현재를 더 나은 방향으로 변화하게 하는 것을 의미한다. 나는 교육으로 경험디자인을 풀어내는 브랜드를 만들고 있다.

경험디자인을 만나는 참여자들이 즐겁게 살아갈 힘을 얻었으면 좋겠다. 〈경험디자인실험실〉의 브랜드 목표는 '재미있게, 새롭게, 적용 가능하게'이다. 지치고 힘든 일상에서 재미있는 교육을 경험하며 온몸의 감각을 다시 살리는 일, 새로운 아이디어를 안전하게 논의하며 변화의 씨앗을 심는 일, 교육의 끝에 삶과 연결된 지점을 찾아 적용할 수 있게 만드는 것이 내가 해야 하는 일이다. 이 목표는 활력을 찾아주는 것, 잠재력을 발견하는 것, 변화를 일으키는 것과 연결된다.

활력을 찾아주기 위해 참여형 교육 콘텐츠를 개발하고 새롭게 살아가기 위한 아이디어를 찾아 문제해결력을 키울 수 있게 지원한다. 그리고 프로젝트를 통해 행동하여 세상을 변화시키는 주체적 사회인이 탄생 되는 것이다. 기업에서 프로젝트를 진행하는 데 좋은 아이디어가 나오지 않아 고민될 때, 구성원들이 커뮤니케이션에 문제를 게이미피케이션 기법을 활용해 함께 점검한다. 프로젝트 본질을 파악하는 질문으로 고민을 진단하고 안전한 소통문화가 정착하도록 새로운 아이디어 제안 토너먼트가 진행된다. 간단하지만 새로운 소통을 경험하며 정체된 상황에서 벗어나 더 나은 서비스를 개발하게 된다.

실제로 아이디어가 필요할 때 아이디어 해커톤을 작게 진행해 문제를 해결한 사례도 있다. 멋진 서비스를 만들었는데 고객들의 반응이 없다는 문제 제기에서 시작된 아이디어 해커톤에서 기존 홍보 "우리 제품이 정말 좋아요"라고 이야기하던 패러다임을 수정하였다. 조직원들의 작은 아이디어가 모여 "고객이 원하는 라이프스타일을 살며 즐기는 모습을 보여주자"라는 스토리가 탄생 되었고 고객의 기대를 자극하며 매출을 증가시키는 효과가 나타났다.

청소년에게는 세상을 변화시킬 잠재력을 찾는 경험을 제공하고, 성인에게는 변화의 주체가 되는 경험을 제공한다. 모든 사람은 중요한 사람이고 싶어 하는 욕구를 가지기에 이야기가 통하는 환경에서 열성적인 참여를 보이게 된다. 〈경험디자인실험실〉은 세상의 새로운 아이디어를 실험해 보는 경험을 할 수 있는 곳이다. 인사이트는 넘치는데 행동은 주저되는 상황에 있는 사람이라면, 인사이트를 행동으로 전환하는 시작을 할 수 있다. 자유롭지만 끈끈한 유대를 경험하고 싶다면 자유로운 소속감을 느끼며 삶의 문제를 기회로 전환할 수 있다.

이것이 교육의 힘이자 변화의 시작을 돕는 〈경험디자인실험실〉의 모습이다. 언제나 함께 문제를 해결해 나가자는 방향의 제시, 문제는 기회의 이름이라는 실험정신이 담겨 있다. 경험디자인실험실과 함께 하게 된다면 세상을 변화시키는 주체가 되어 재미있고 새로운 삶을 살아가는 동력을 얻을 수 있을 것이다.

곁에 두고 싶은 브랜드가 되겠습니다

빠르게 변화하는 세상에서 우리는 주도성을 회복한 삶을 살아야 한다. 문제를 파악하고 협동하며 해결하는 역량이 현시대를 살아가는 사람들에게 요구되고 있다. 때문에 교육은 삶에 변화를 만드는 적용 가능한 형태로 진행되어야 한다.

변화를 만드는 과정을 지원하는 기업과 정부사업 연결도 가능하다. 소셜벤쳐 창업을 지원하는 사회적경제진흥원 등의 기관과 엑셀러레이팅 프로그램을 지원하는 투자, 창업지원 서비스 까지 다양한 지원을 받으며 성장할 수 있는 기회들이 존재한다.

사회의 요구와 참여자의 바람이 만나는 교차점에서 발생하는 시너지는 큰 가치를 가진다. 지식창업 비즈니스 모델에서 꼭 놓치지 말아야 하는 방향은 '공감'과 '커뮤니티' 이다. 세상에는 좋은 가치를 만들어 가고 싶은 사람들이 불편을 해결하기 위해 함께 고민하고 있고 이는 고객을 위한 공감에 기인한다. 스타트업들의 서비스가 불편 문제해결에 초점화되어있다는 점을 생각해 보면 이해하기 쉽다. 그 밖에 소셜벤쳐 기업들도 사회적 인식 개선과 제품 제작을 통해 다양한 메시지를 던지고 있다.

〈경험디자인실험실〉은 변화를 만드는 사람들을 위해 존재하기에 많은 기업과 발명가, 강사, 학생들이 잠재 고객이 된다. 세상에 변화의 목소리를 내고 싶다면 언제든지 이용할 수 있는 플랫폼으로의 확장을 생각하고 있다. 세상에 다양한 문제들이 해결되는 경험을 할 수 있는건 참 멋진 일이다. 언제나 당신 곁에서 문제를 함께 고민해 줄 친구처럼 여겨지는 브랜드가 되고 싶다.

스노우볼 효과라고 초기 작은 원금에 이자와 이자가 붙어 나중에 큰 자산이 되는 현상이 눈덩이로 비유된 용어가 있다. 새롭게 창업하고 비즈니스 영역에 뛰어들었다면, 모든 일의 시작에는 작은 출발점이 있었다는 점을 기억하자. 경험디자인실험실에서는 교육과 프로젝트를 하며 이루어낸 작은 성공 경험이 불어나 새로운 꿈을 꾸게 하고 더 나아 세상을 변화시킬 행동과 서비스를 만드는 경험을 할 수 있다.

내 손으로 만든 변화를 목도하는 것, 함께 협업하며 역할 속에서 잠재력을 발휘해 볼 수 있는 것, 내 아이디어가 세상에 나오는 짜릿함을 제공하는 브랜드가 되기 위해 메시지를 전하고 소통하고 있다. "재미있는 삶을 살고 싶지 않으신가요? 당신의 삶에 새로운 자극이 필요하다면 경험디자인 해보세요"라고 세상을 향해 외치고 있다.

프리랜서 강사에서 1인 기업가로 변화하며 시스템을 만들어 가는 시기를 지나고 있다. 누구나 알 수 있는 성공한 기업이 되었다고 말할 수는 없지만, 더 나은 삶을 위한 제안을 지속한다. 지금 1인 기업으로 성장을 꿈꾸고 있는 사람들에게 하고 싶은 일이 있다면, 다양한 테스트하며 조금씩 확장해보자고 말하고 싶다.

다른 사람의 성공에 기여하기

〈경험디자인실험실〉 브랜딩은 "나는 무엇을 전달하고 싶을까"에서 고민이 시작되었고, "사람들에게 도움이 되는 교육은 무엇일까?"로 확장되어왔다. 그리고 세상을 변화시키겠다는 큰 미션을 가지게 되었다. 한 사람의 힘이 세상에 영향을 주기 힘들다면, 세상을 변화시킬 마음이 있는 사람들을 도우며 더 나아지는 세상을 위한 제안을 하자는 생각이 들었다.

'할 수 없어', '불가능해' 라는 시각을 '함께라면? 가능하지 않을까' 라고 전환하기까지 다년간 프로젝트를 진행하며 성장해 왔던 내 경험과 참여자들의 이야기가 많은 힘이 되었다. 추구하는 방향성만 있다면 비즈니스의 시작은 작아도 괜찮다는 점이 내가 무수히 진행해온 경험디자인 실험을 통해 증명되었다. 사회문제를 해결하다 보면 나의 장점을 살려 좋은 영향력을 펼치고 싶다는 욕구가 생긴다.

위 글에서 나는 공감과 커뮤니티가 비즈니스 모델을 만드는 핵심 키워드임을 밝혔다. 모든 사람에게 좋은 모두가 사랑하는 브랜드를 너무 만들고 싶지만, 이는 욕심이다. 나의 방향에 동의하는 고객들에게 먼저 성장할 수 있는 메시지를 전하는 것으로부터 시작하면 된다. 전 세계 인구가 나를 좋아할 수는 없지만 나의 가치에 동의해 주는 1,000~10,000명의 사람에게 서비스를 알리는 것이 첫 번째 비즈니스 시작 단계에서 우리가 해야 하는 일이다.

마이크로 한 사업의 시작이 딱 좋다! 너무 많은 기대는 금방 지치게 한다. 다양한 요구에 맞춰 바꾸려 하기보단 당신의 모습을 지키면서 함께하면 편한 사람을 찾아보자. 사공이 많으면 배가 산으로 간다. 변화와 혁신을 위한 과정에서 내가 도움 줄 수 있는 사람들에게 먼저 서비스를 제공하는 것이 시작이다.

다른 사람의 성공을 위해 보다 효과적으로 수용할 수 있는 사람들을 찾고, 그들에게 경험과 적용이 문제를 해결하는 선순환 구조로 작용할 수 있게 하는 것이 〈경험디자인실험실〉의 역할이자 앞으로 해나갈 방향이다. 비즈니스는 계속 진화된다. 고객의 필요를 채우는 아이디어를 만들되, 사회를 변화시키며 수익을 내는 과정을 고민해 보자. 나와 당신이 만드는 사회적 임팩트를 기대하며 함께 자라는 기회가 가득하길 희망해 본다.

○ 전 (주)나우픽 마케팅 기획 담당
○ 전 미국, 독일 아마존 셀러 연 매출 2억달성
○ 현 강남명상최면센터 이사
○ 현 한국올인원메신져협회 이사
○ 현 비즈니스 마인드 메이커 대표
○ 오픈톡방 수익화 6개월 1억 매출 달성
○ 블로그 수익 마케팅 전문 강사

이메일   jeon6657@naver.com
블로그   https://blog.naver.com/openmind_01
연락처   010-2469-8311

성현쌤 전병천

07

오픈채팅방으로 경제적 자유와 모두의 행복찾기
행복한 삶이란 나를 위한 삶이다

오픈 채팅방에서 1인 기업 창업이란 것을 알게 된 지 7개월이 되었습니다. 많은 시간은 아니지만 그 누구보다 열심히 했고 현재 행복하며 고객들의 사랑을 듬뿍 받고 있습니다. 그 가치를 인정 받고 이 모두에게 수익화가 실현되도록 가지고 있는 모든 것을 알려드리며 누구나 쉽게 1인 기업을 창업할 수 있도록 돕고 있습니다.

창업을 준비하는 모든 분에게 이것이 '돈이 되니까 하라' 는 말이 아닌 진정으로 이것이 나를 위한 일인가와 모두가 행복해질 수 있는 일인가를 면밀히 따져보고 시작해 보기를 권합니다. 물론 무슨 일이든지 새로운 것을 시작한다는 것이 어렵고 두려울 수도 있습니다.

하지만 지금 행복하지 않다면, 지금 두려울 것이 없다면 다시 생각 보시기 바랍니다. 지금까지 살아온 결과가 현재의 내 모습인 것은 부정할 수 없는 사실입니다.

제 수강생 평균 나이는 50대입니다. 여러분들도 충분히 할 수 있고 지금 당장 시작하셔야 합니다. 지금 시작하지 않으면 똑같은 생활의 반복적인 삶을 살아야 할 가능성이 높습니다. 여러분들의 안위와 행복을 위해 새로운 시작으로 도전해 보세요.

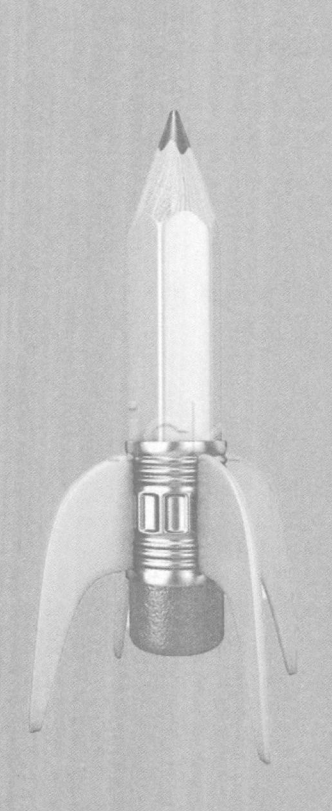

오픈채팅방으로
경제적 자유와 모두의 행복찾기

돈이 나를 저울질 할 수 없는 인생을 찾았다

　돈이라는 개념이 어릴 적에 생긴다고 보면, 나는 돈을 그저 그런 소모품 정도로만 생각했다. 내가 좋아하면 그것으로 충분히 역할을 다 한 것으로 인식했다. 대부분 어릴 적 돈에 대한 개념은 비슷하지만 내가 살짝 달랐던 것은 보이면 내 주머니에 넣었던 기억이다. 방 구석에 지폐나 동전이 있으면 그것은 당연히 내 주머니 속으로 들어갔다. 우리집에 동전으로 가득한 빨간 돼지저금통이 있었는데 그것에 손 대는 사건이 벌어지고 말았다. 조금씩 가져가니 어른들은 전혀 눈치 채지 못했고 점점 두려움은 없고 습관으로 이어졌다. 어머니가 알게 되어 오락실에서 집까지 귀를 잡혀 끌려왔다. 그 일이 있고 나서 그 어린 나이에 이런 생각을 했던 것 같다. '다시는 다른 누군가의 것에 손을 대지 않겠다' 고 말이다.

이 이야기를 한 이유는 이 일이 내게 많은 생각을 하게 만들었기 때문이다. 바로 원하는 것이 있다면 상대방이 원하는 것을 먼저 해주는 것이다. 이 생각을 13살쯤 한 것 같은데 이때부터 행동이 조금씩 달라지기 시작했다. 동생한테 부탁할 일이 있으면 동생이 원하는 것을 먼저 주고 내가 원하는 것을 부탁했다. 지금 와서 생각해 보면 그때부터 나보다 남을 생각하는 습관이 생긴 것 같다. 돈도 마찬가지다.

돈이란 하고 싶은 것을 할 수 있고 생각을 현실로 만들어 준다. 반대로 돈이란 하고 싶은 것을 망치게 할 수도 있고 생각했던 것을 잃게 만들 수도 있다. 그 가치는 내가 만드는데 돈이라는 것이 나를 저울질한다는 생각을 지울 수가 없었다. 돈에 계속 이끌려 다닌다는 생각을 더 일찍 느끼고 알았더라면 '더 빨리 돈의 노예가 되는 것을 막을 수 있었을 텐데' 라는 생각을 지울 수가 없다. 그래서 30대 후반에 돈의 노예에서 해방을 외치고 실행에 옮기기 시작했다.

마케팅 회사를 다닐 때 알게 되었다. 내가 돈의 노예가 되었다는 것을! 하고 싶은 것을 하고는 있지만 항상 돈 걱정을 하고 살고 있었다. 밥을 먹을 때에도 어디 여행을 가더라도 말이다. '어떻게 하면 이 놈의 돈에서 해방할 수 있을까?'라는 질문에 어릴적부터 해왔던 남을 먼저 생각하는 관점를 넓힌다면 경쟁력이 있을 거라고 생각했다. 그래서 독일에 사는 사촌동생과 함께 아마존 사업을 시작했다. 생각보다 잘 되었고 직원을 고용하여 더욱더 성공 가도를 달리고 있었다. 그런데 여기서 남을 먼저 생각하는 관점을 넓히는 것과 무슨 상관이야라고 말할 수 있을 것 같다. 하지만 정확히 나는 남을 먼저 생각하는 관점을 넓히고 있었다. 그것은 내가 알고 있는 것을 남들에게 전하고 전파하는 사업을 하고 있었기 때문이다.

더 좋은 제품을 좀 더 싼 값에 판매했고 좋지 않은 제품은 좋지 않으니 피하라는 홍보도 함께 했다. 다루기 쉬운 직원을 뽑지 않고 나보다 더 똑똑하고 실행력이 좋은 사람들로 채웠고 나는 어드바이스만 해주는 시스템을 만들었다. 여기서 중요한 것은 직원들에게 비전 제시를 확실히 인식시키고 체계화하는 작업이다. 남을 먼저 생각하는 관점을 넓히는 것은 생각보다 멋있고 감동을 주고 돈은 자연스럽게 따라왔다. 지금 돌아보면 이 생각은 모든 사업과 장사에 분명히 도움된다는 사실이다. 물론 자신의 신념과 마인드가 뒷받침되어야 가능하다.

자신의 오랜 생각을 바꾸는 것은 매우 어렵다. 사고를 바꾸기 위해서는 계기가 필요하고 경험이 있어야 하고 나름의 이유가 있어야 한다. 그리고 도와주려는 마음이 필요하다. 여기서 도와주는 마음이란 남을 먼저 생각하는 관점을 넓히는 것이다. 이런 생각은 '이제 돈 걱정은 안 해도 평생 먹고 살 수 있겠다'가 현실이 되는 시작이다. 돈이 많아서가 아니라 어떻게 살아야 하는지를 알게 되었다.

44살, 1인 기업 창업에 도전하다

아마존 사업을 한창 진행하던 시기에 운동을 하겠다고 수영장을 다녔다. 어느 날 갑자기 어깨가 펴지지 않고 옷을 입을 때에도 불편함을 느끼는 증상이 있더니 결국 사단이 나고 말았다. 어깨에 염증이 심하게 생겨 수술이 불가피하다는 진단을 받고 바로 수술을 했다. 분명 수술을 하지 않아도 되는 치료법이 있었지만 의사는 수술을 권유했다. 이는 나중에 나에게 어마어마한 일을 만들게 해준 일이었다. 그때 내가 수술을 받지 않고 치료만 받았더라면 아마 이 글을 지금 쓰고 있지 않을 것이다. 수술을 하고 의사는 2개월은 정상적인 활동을 할 수 없을 것이라고 했다. 그때 눈앞이 캄캄하고 식은땀이 났다. 그렇게 오래 누워 있을 거라고는 상상도 하지 못했기 때문이다. 물론 회사가 나 없이도 돌아가는 시스템이었지만 계속 신경이 쓰이고 뭔가를 해야 할 것 같은 느낌을 지울 수 없었다.

수술 후 2주일 만에 집에 왔다. 당시는 TV를 시청하고 왼손으로 밥을 먹는 것이 내가 할 수 있는 일이었다. 그러던 중 와이프가 요즘 오픈 채팅방이라는 곳에서 돈을 벌 수 있다고 해서 공부를 하려고

100만 원을 들여 수강을 했다고 했다. 그때 내 기분은 썩 좋지 않았다. 내가 일을 못하고 집에 있는 상황에서 큰돈을 들여 공부를 한다고 하니 좋게 보일 수가 없었다. 하지만 돈은 벌써 지불한 뒤였고 공부를 하겠다고 하는데 막을 수도 없는 일이고 해서 열심히 해 보라고 하며 다독여 주었다.

그후 일~이주가 지났는데 와이프는 강의가 어렵고 따라가기가 벅차다고 했다. 그러더니 못하겠다고 손을 놓는데, 큰돈을 들여 한 만큼 아깝기도 하고 녹화본이 있다고 하여 내가 한번 보기로 했다. 내가 일을 할 수 없고 집에서 놀고 있으니 가능했던 상황이었다. 한참 녹화본을 보던 중에 갑자기 궁금한 것이 생겼다. 분명 1인당 100만 원이라고 했는데 수강생이 15명이었다. 그럼 지금 모니터에서 말하고 있는 강사는 이 일로 1,500만 원을 벌어들였다는 것인데 더 놀라웠던 것은 우리가 1기였고 2주 후 2기를 모집하여 20명을 모집했다는 것이다. 그럼 한 달도 안되어서 3,500만 원을 벌었다는 것이다. 이 상황을 생각하니 머리가 정말로 띵 하는 소리가 들리는 것처럼 어질어질했다.

내가 아마존 사업을 하면서 올리있는 수입과는 차이가 꽤 있었다. 그 당시 수입이 월평균 800만 원 정도였으니 말이다. 적은 돈을 벌고 있다고는 생각하지 않고 돈에 대해 아쉬움 없이 잘 살고 있었던터라 크게 생각은 안 했지만 놀라운 금액인 것은 부정할 수가 없었다.

평소 버킷리스트 중 하나가 강의를 해 보는 것이었는데 다시 한번 생각하게 되었다. 강의를 한다는 것이 나에게는 절대 할 수 없을 것 같고 해서는 안 될 것 같은 느낌이 있었지만 해보고 싶다는 마음이 들었다. 그래서 마음을 먹고 강의라는 것을 한번 해보기로 했다.

강의로 누군가에게 나를 알린다는 것보다 사람들에게 무언가를 알려주면서 지금의 나보다 발전시킬 수 있고 수익을 창출하는 데 도움을 줄 수 있다면 그 가치는 분명 큰 차이를 만들 수 있다고 생각했다. 다행히도 나는 마케팅 회사에서 생각보다 많이 배웠고 내가 아는 것을 알려주면서 사람들에게 도움을 줄 수 있다는 마인드 하나는 누구보다 자신 있었다.

내게 강의는 버킷리스트였는데 이번 기회에 할 수 있겠다는 생각에 마음이 부풀어 올랐다. 이점에 있어 수술을 시켜주신 의사선생님과 하필 그때 수강신청을 해 준 와이프에게 감사하게 생각한다.

나를 찾아주는 고객을 위한 삶

강의를 하겠다고 마음먹고 블로그를 개설했다. 오픈 채팅방에 홍보를 하기 위해서는 꼭 블로그를 이용해서 홍보해야 한다는 조건이 있다는 것을 알고 나서였다. 네이버 블로그를 처음 접하는데 뭘 어떻게 해야 하는지 뭘 하면 좋은 건지 전혀 모르니 막막했다. 그러던 중에 chat GPT가 세상에 나왔고 이것을 통해 리포트도 쓰고 블로그 포스팅을 한다는 것을 알게 되었다. 그후 chat GPT를 활용해서 10개 정도의 포스팅을 블로그에 올렸다.

chat GPT로 블로그도 만들었고 홍보를 어떻게 해야 하는지도 많은 검색을 통해 숙지를 한 상태였다. 어떤 컨셉을 가지고 강의를 할지 정해야 했는데 chat GPT 강의를 하기에는 이르다는 생각이 들었고 블로그 또한 만든지 2주일밖에 되지 않은 상태에서 무엇을 알려주기에는 버거운 상태였다. 그러면 할 줄 아는 게 마케팅 쪽이나 아마존 셀러 정도인데 마케팅보다는 아마존이 쉬워 보였고 아주 고급 기술이 필요하지 않다는 생각에 아마존 셀러 강의로 정했다.

첫 강의 날짜를 잡고 홍보를 진행할수록 점점 마음이 조여오기 시작했다. 강의 부담이 아닌 처음 해 보는 것에 대한 두려움이었다. 하지만 나로서는 잃을 게 없는 시도였기에 자신감을 갖고 도전하기로 마음을 먹었다. 첫 강의 당일 마지막 리딩 연습을 마치고 심장이 이렇게 뛰는 것을 처음 느껴 보았다. 기분이 이상하게 좋았고 혼자 미친놈처럼 웃고 있었다. 강의 준비를 나름대로 한다고는 했지만 강의를 어떻게 진행을 하는지도 몰랐다. 하지만 앞으로의 어떤 일이 일어날까 하는 기대에 마냥 모든 게 신기하고 즐거웠다.

강의가 진행되었고 노트북 옆에 붙여놓은 포스트잇의 글들을 국어책 읽듯 하며 1시간 가량 떠들며 진행했다. 마지막 부분에 아마존 셀러에 관심이 있으신 분은 무료로 1:1 컨설팅을 1시간 해주겠다는 말과 함께 신청서를 남겨주고 강의를 마쳤다. 그때 나는 내가 뭘 알고 컨설팅을 무료로 해주겠다고 했는지 모르겠다. 지금 생각해 보면 그 행동이 신의 한 수였다. 무료 컨설팅이 신의 한 수가 된 것은 다음날 컨설팅을 해주면서 내 인생을 송두리째 바꿔 놓았기 때문이다.

강의를 마치고 와이프에게 피드백을 해 달라고 물어보았는데 생각보다 잘 했다는 반응이 나왔다. 독일에 사는 사촌동생에게도 녹화본을 보내주고 피드백을 해 달라고 하였는데 그 동생이 하는 말이 '앞으로 아마존 셀러 말고 다른 강의도 해봐' 라는 피드백이 왔다. 그 말을 듣고 '내가 그렇게 잘했나? 라는 생각을 했고 다음날 고객들과 약속했던 컨설팅을 진행했다.

아마존 1:1 무료 컨설팅 결과가 수익으로는 이어지지 않았지만 새로운 경험과 자신감을 얻었다. 10명 가량 신청해서 한 분 한 분 전화를 드리고 있는데 하나같이 강의를 잘 들었다고 고맙다는 말을 했다. 이 일이 내 인생을 바꿔놓았고 덕분에 내 만족을 위해 했던 일이 다른 누구에게 고마운 일이라는 것을 깨닫게 되었다.

그 일이 있고 나서 고객들에게 행복을 줄 수 있는 일이라면 기꺼이 고객을 위한 삶을 살겠다는 마인드를 갖게 되었다. 물론 첫 강의가 잘 되지는 않았다. 내 생각에는 많이 아쉽고 한참 모자라는 강의는 확실했다. 그것을 알고 있었기에 도전한 것에 가치가 있었고 고객을 행복하게 해주는 것으로 내가 행복할 수 있다면 그 가치는 어마어마할 것이라는 것에 확신을 가졌다.

고객 중심의 마인드 메이커 성현쌤

첫 강의를 나름 잘 마친 후 다음 강의를 위해 아픈 어깨를 가지고 열심히 준비했다. 하지만 같은 주제로 또 강의를 한다는 게 마음에 걸렸다. 물론 또 해도 되지만 내게 이 강의들은 어디까지나 준비과정이었고 다양한 도전을 해야 발전을 할 수 있다는 생각이 들었다. 그래서 다음은 겁도 없이 블로그 강의를 준비했다. 블로그는 포스팅을 잘 해야 지수도 높아지고 체류시간이 늘어나 좋은 블로가 된다. 포스팅 chat GPT가 도움 된다는 생각에 'chat GPT로 블로그 포스팅 쉽게 하자' 이 컨셉으로 두 번째 강의를 준비했다.

나중에 안 사실인데 chat GPT로 블로그 포스팅을 하면 블로그 AI가 chat GPT에서 글을 가지고 온 것을 알고 누락을 시켰다. 블로그를 시작 한지 불과 3주 만에 블로그 강의를 한 사람이 세상천지에 어디 있겠는가? 겁도 없이 한 나도 참 대단하다. 걱정도 되었지만 강의 결과는 대박이었다. 강의를 마치고 한 질의응답 시간에 블로그보다 chat GPT에 대한 질문이 더 많았다. 나온 지 얼마 안 되었기에 정보도 많지 않았고 나만의 프롬프트를 만든 것에 사람들에게 신선하게 다가왔었던 것이다. 그 특강을 마치고는 컨설팅을 하지 못했다. 무료로 컨설팅을 해준다고 하면 많은 인원이 신청할 것이 뻔했고 그렇다고 돈을 받고 컨설팅을 하자니 준비가 미흡했다. 그때 이것으로 큰돈을 벌 수 있겠다는 생각이 들었다.

이렇게 두 번째 특강을 마치고 오픈톡방 이름을 바꾸었다. 예전에 와이프가 철학관에서 지어온 '성현'이라는 이름을 여기서 쓰면 좋겠다고 생각해서 기존에 아마존 셀러 모임에서 '마인드 메이커 성현쌤'으로 변경했다. 아마존 셀러는 광범위하지 못해 비즈니스 관련 모든 강의를 해야겠다고 마음을 먹었다. 이렇게 탄생한 브랜드가 '비즈니스 마인드 메이서 성현쌤'이다. 앞으로 이 닉네임으로 가치를 만들어나갈 생각에 가슴이 벅차올라 흐뭇해했던 기억이 난다.

다른 강의를 바로 또 준비를 했다. 강의 준비를 하는 일이 이렇게 기분 좋고 행복한 일인지 전혀 몰랐다. 어느덧 내가 강사라는 타이틀을 가지고 두 번의 강의를 했다는 사실이 너무 뿌듯했고 평가도 좋았으니 자신감은 하늘이 무서운지 모르고 높이 날고 있었다. 무슨 강의를 할까 생각하다 이번에는 강의를 팔아보자고 생각했고 남들은 어떻게 강의를 파는지 파악하기 위해 무료특강을 들었다. 하지만 60대 할머니 할아버지들의 인생 스토리를 들려주는 20분 남짓의 강의가 내 컨셉과 맞지 않았다. 이런 특강이 생각보다 많은 것을 보고 내심 내가 경쟁력이 있다고 생각했다. 그렇게 한참 롤 모델을 찾다가 한 곳을 보게 되었는데 강의를 정말 잘했고 나는 이렇게까지 강의를 못한다는 생각이 들었다. 어떻게 강의를 판매하는지를 유심히 눈여겨보던 중 갑자기 강사가 쇼 호스트처럼 행동했고 강의 분위기가 한층 좋아지면서 이끌어 가는 모습을 보았고 바로 '이거구나!' 하는 생각과 함께 나도 강의를 판매해 보자고 다짐했다.

모든 준비를 마치고 세 번째 특강을 준비하는 데 나도 모르게 리딩 연습을 하지 않는 내 모습을 보고 놀랐다. 따로 준비하지 않아도 입에서 술술 말이 나와서 정말 강사 같았고 신기했다. 이것은 나로서는 정말 마술 같은 경험이었고 이 일이 내 적성과 아주 잘 맞는다고 느꼈다.

세 번째 특강은 chat GPT 수익화였고 나로서는 정말 큰 산이었다. 강의를 하면서 첫 수익화 처음 도전이었기에 그 긴장감은 이루 말할 수 없었다. 물론 수익화에 성공을 못하더라도 좋은 경험을 했다고 생각할 여유는 있었기에 두렵거나 무섭지는 않았다. 하지만 꼭 성공해서 성취감을 갖고 싶다는 생각은 그 어느 때보다 간절했다. 강의가 시작되고 커리큘럼을 홍보하고 질의응답을 진행하면서 물론 매끄럽게 진행은 되지 않았다.

항상 느끼는 것이지만 강의를 마치면 '아~ 그때는 그 말을 하지 말았어야 했어' 하면서 자책하고 아쉽다는 생각을 했다. 하지만 이상하게도 세 번째 강의는 잘 못했는데도 불구하고 반응이 좋았다. 지금 와서 생각해 보면 수강료가 너무 저렴해서 그랬던 것 같다. 물론 그 당시 강의를 마치고 들었던 생각은 '간절하면 되는구나'와 '사람들이 안 보는 거 같지만 다 보고 있구나'였다. 그때 수강료가 12회 수강에 15만 원을 받았으니 고객 입장에서는 어렵지 않은 선택이었을 것이다.

이 강의를 마치고 맥주를 사다 마시면서 통장 내역을 확인하는 순간 멘탈이 무너졌다. 무려 600만 원의 현금이 통장에 입금이 되었다. 말문이 막혀 너무 놀랐던 기억이 지금도 생생하다. 지금까지 여러 일을 해왔지만 이렇게 한 번에 큰돈이 들어오는 경험은 처음이었기에 너무 신선한 충격이었다. 이때 들었던 생각이 수강생들에게 내가 가지고 있는 모든 것을 주겠다고 다짐을 하게 되었다. 나중에 수강생들에게 들은 말로는 특강 당시 내 모습이 너무 풋풋하고 어두운 모습은 찾기 어려웠고 순수한 모습이 너무 보기 좋았다고 피드백을 받았다.

그 말을 들은 나의 감정을 이랬다. 굳이 '강의를 잘하려고 하지 않아도 내가 가지고 있는 것을 진심으로 알려주려고 노력한다면 분명 성공을 할 수 있겠구나' 라고 굳게 믿게 되었다.

모두가 성장하고 행복해지는 일

어느덧 6번째 특강을 진행하고 있었다. 그래봤자 2개월이 채 안 됐던 시간이기에 아직 배울 것이 많았다. 하지만 자신감은 하늘을 찌르고 있는 것은 분명했다. 2개월이 채 되지도 않았는데 1500만 원을 벌고 있었으니 말이다. 어깨가 어느 정도 정상으로 돌아올 즘이었는데 내 머릿속은 온통 오픈 채팅방과 수강생 관리에 가득 차 있었다.

해오던 아마존 셀러를 진행할 수 있는 상황이 아니었다. 모든 사업을 중단하고 독일에 있는 사촌동생에게 일임을 한 후 직원들을 부탁하고 빠르게 정리를 했다. 아쉽지만 지금 일이 너무 좋고 다시 돌아가기에는 너무 멀리 와 버린 느낌이었기에 직원들에게는 미안한 마음이지만 곁에 항상 있다는 말과 함께 회사에서 나왔다.

이 상황에서 좀 더 발전하고 싶었고 그게 무엇이든 도전하고 싶었다. 그 상상은 생각보다 빠르게 내왔는데 바로 내가 2개월 동안 이렇게 오픈 채팅방이라는 것을 운영을 해 보면서 알게 되고 수익화를 이뤄낸 경험을 판매해 보자는 생각으로 '오픈 채팅방 수익화' 라는 제목으로 특강 준비를 했다. 이 결정은 정말이지 환상적인 선택이었다. 물론 내가 잘해서 이루어진 것이 아니라는 것을 잘 안다. 운이 정말이지 너무 좋았다. 이 기획을 해 보라고 권유해 준 사람이 바로 수강생 중에 한 교수님께서 해주었기 때문이다. 내가 얼마나 운이 좋은 사람인지 차차 알게 될 것이다.

그런데 모든 일이 순조롭다고 생각하던 순간 사단이 일어났다. 강의 중에 오픈 채팅방에 대해 설명을 하고 있는데 누군가가 줌 강의장에 낙서를 하기 시작했고 일이 커졌다. 낙서를 하는 고객과 그것을 보다 참지 못한 고객과 설전이 채팅창에서 이뤄지고 있었다.

솔직히 나는 그 채팅창을 못보고 계속 강의를 했는데 나중에 채팅창에서 심한 욕설이 오가가서 깜짝 놀랐다. 내가 그 상황을 보지 못한 것은 아직 내가 강의 초보임을 보여주는 부분이다. 강의 내내 인지하지 못했기 때문이다.

그런데 누군가 채팅창에 이렇게 남긴다. '성현쌤은 정말이지 대단한 사람이다 어떻게 저런 사람을 한 번의 질타 없이 강의를 매끄럽게 하느냐' 라고 질문했는데 그제야 상황을 파악한 나는 어리둥절한 상태였고 무슨 말을 어떻게 해야 할지 몰랐다. 느낌에 이번 특강은 어렵겠구나 생각이 들었지만 그래도 나를 찾아준 사람들에게 최선을 다하자고 생각했다.

체념하며 강의 마지막에 유료 과정을 소개했는데 갑자기 신청하겠다는 사람들이 마구 모여들었다.

신기해할 여유도 없었다. 당장 수강생을 책임져야 하는 상황이 온 것이다. 오픈 채팅방에서 수익화를 이뤄준다는 기획이었기에 책임감이 다른 때와는 사뭇 달랐다. 당장 수강생과 미팅을 가졌고 한 명 한 명 대화를 나누면서 어떻게 앞으로 수익화를 도와주고 수강생들을 어떻게 성장을 시켜야 하는지 고민에 빠졌다.

미팅을 마치고 알게 된 사실은 이분들이 대부분 오프라인 강사라는 것이었다. 이제 강사 타이틀을 가지게 된 지 2개월 된 내가 베테랑 강사를 어떻게 가르쳐야 하나 생각에 잠겨있을 이런 생각을 했다. '내가 이 일을 하면서 행복한 이 기분을 이분들에게 심어주자. 모두 다 같이 이 온라인이라는 세계에서 수익화라는 타이틀을 목표를 두고 행복해질 수 있게 만들자'.

비록 온라인 세계이지만 같은 목표를 가진 사람들끼리 한곳에 모여 아이디어를 나눈다면 분명 시너지가 있을 거라는 생각에 오프라인 모임을 만들어서 더 많은 강사님들의 경험을 들어보는 기획을 실천하게 된다. 이것이 바로 내가 만든 모두 같이 성장하고 행복해지는 프로젝트였다.

1인 기업이 답이다

　새로움에 겁없이 도전했기에 내가 지금 이렇게 글을 쓰고 있다고 생각한다. 물론 처음 해보는 것에 부담되고 두렵기도 하겠지만 놀랍게도 나와 함께 하는 수강생들의 평균 나이가 50대라는 것을 감안한다면 누구라도 도전하면 성공한다고 생각한다.

　지금까지 7개월 동안 오픈 채팅방에서 활동하면서 내 수강생이 무려 200명에 달한다. 이 중 현직 강사만 100명이 넘는다. 이분들의 평균 나이가 50대이고 그것도 모자라 이분들이 나를 만나서 수익화 한 총 금액이 3억 원이 넘는다면 믿겠는가? 불과 4개월 만에 일어난 일들이다. 이 말은 시작하면 누구나 할 수 있다는 것이다. 우리 인생은 지금까지 내 선택의 결과물이다. 아직 늦지 않았으니 새로운 것에 부담과 두려움을 갖지말고 지금 당장 시작해보자.

　예전 같지 않게 지금 이 세상은 강사라는 타이틀이 아주 높지만은 않다. 이것을 빨리 깨달았으면 좋겠다. 오프라인 강사들은 오래 전부터 기관이나 학교, 학원 등에 얽매어 갑이 아닌 을의 생활을 해왔다. 갑이 원하는 시간과 날짜에 을이 맞춰줘야 하는 일이 허다하다. 하지만 온라인 세계에서는 사뭇 다르다. 일단 내가 갑이고 강사가 원하는 시간과 날짜로 스케줄을 짤 수 있다. 그리고 제일 좋은 것은 자유롭다는 것이다. 쉬고 싶을 때 쉴 수 있고 일하고 싶을 때 일을 할 수 있는 구조이기 때문이다.

물론 내가 다치거나 아프면 더 이상 이 일을 지속할 수 없는 것은 현실이다. 그래서 나는 나시스템을 구축하고 협회 운영을 계획중이다. 마음이 맞는 강사들과 협업을 통해서 더 좋은 가치를 만들어가고 모두가 경제적 자유를 함께 누리고 싶다. 그 생각이 마음이 설렌다. 도전과 시작을 망설이는 분들에게 말하고 싶다. 무슨 일이든 지금이 제일 빠른 시기다. 그리고 당신도 할 수 있다.

○ 마쿠요리교실 대표
○ 초등학교 방과후 키즈쿠킹 강사
○ 파티쉐 직업체험강사
○ 다문화/실버요리, 복지관/센터 특강수업
○ 수상경력 - 제3회 한국여성제과 기술인경영대회
   그랑가또 프키가또 부문 금상수상
○ 자격증 보유
   제과기능사, 제빵기능사
   직업능력개발훈련교사
   요리심리상담사
   실버심리요리지도사
   카페바리스타, 인성지도사
   방과후학교지도사
   자기주도학습지도사

이메일 mina81z@naver.com
블로그 https://blog.naver.com/mina81z
인스타그램 https://www.instagram.com/macu_kimmina/
연락처 010-3938-2134

김미나

08

마쿠. 마구마구 손이 가고, 맛있는 쿠킹수업
워킹맘의 퇴사와 나만의 브랜드 이야기

우리의 미래인 아이들에게 선한 영향력으로
올바른 가치관과 마음을 심어주고 싶습니다.
아이들을 가르친다는 것은
나 자신에게도 더 성장할 수 있는 밑거름이 됩니다.
좀 더 나은 미래에서 멋지게 살아갈
아이들과 엄마들을 응원합니다.

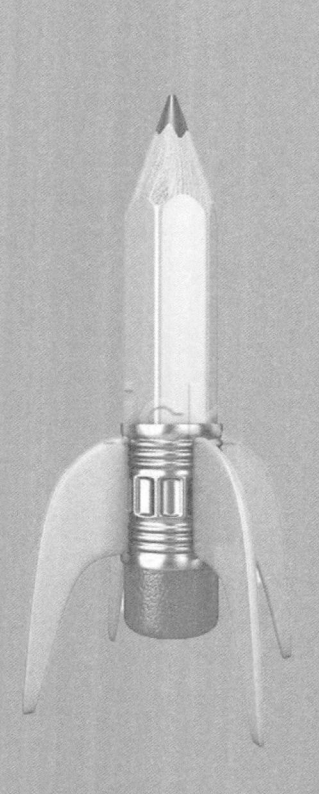

마쿠. 마구마구 손이 가고, 맛있는 쿠킹수업

육아휴직 후 돌아갈 자리가 없어지다

　아무것도 모르던 대학생 시절. 수업 후 아버지 몰래 한 첫 아르바이트가 내 인생 포인트였다. 이 아르바이트가 직업이 될 줄 그때의 나는 상상도 못했다.

　어느 무더운 여름날, 여자 사장님 혼자 운영하시는 20평 정도의 빵집에서 나는 갓 구워낸 빵들을 포장, 진열하는 일을 했다. 한 2개월 정도 지났을까. 주방을 슬쩍슬쩍 넘어보는 나의 시선이 느껴진 사장님은 '미나야, 잠깐 들어와 봐!' 하시곤, 상투 과자 반죽이 담긴 짤주머니를 나에게 건네 주셨다. 내 손으로 처음 만들어보는 상투 과자의 모양은 아주 멋스럽게 나왔다. 사장님은 "내가 이 일을 30년 동안 하면서 주변 여자애들한테는 절대 제과제빵을 직업으로 권유하지 않는데 너는 소질이 있어 보이니까 재미있다면 한번 도전해 봐" 하셨고,

그 말 한마디에 머리를 한 대 맞은 듯 멍해졌다.

다음 날 서점에서 제과제빵 교재를 산 나는 학교 공부는 슬쩍 미뤄두고 혼자 공부를 시작해 제과제빵 자격증을 취득했다. 대학교를 다닐 때까지 내가 하고 싶은 일이 무엇인지 내가 좋아하는 일이 무엇인지 나는 알지 못했다. 그 뒤 진로에 대해 진지하게 고민했고 식품영양학과를 부전공으로 졸업했다. 그 시기가 처음으로 지금까지의 인생 방향을 뒤집은 터닝 포인트였다.

내가 잘하는 것과 즐기는 것을 찾아 스스로 한 걸음 한 걸음 찾아 나서는 기쁨을 맛본다면, 정말 신기하게도 도전하는 일들은 모두 적극적으로 바뀌고 진취적인 사람으로 행동할 수 있다. 대학 졸업 후에도 꿈이라는 것을 찾아 서울로 올라가 대학원을 다니고 제과점, 레스토랑을 다니며 한발 한발 나아갔고, 대기업에 취업했다.

한동안 별다른 변화 없던 내 인생에 두 번째 변화가 찾아왔다. 남편과의 첫 만남 이후 진취적으로 결혼까지 진행했다. 사랑스러운 아이들까지 연이어 찾아왔다. 2년의 육아휴직은 회사를 당황스럽게 했고, 아무것도 몰랐던 나는 당연히 하던 일에 복직하는 줄만 알았다. 복직 신청을 위해 오랜만에 간 회사에는 내가 돌아갈 수 있는 자리가 없었다. 지금까지 걸어왔던 걸음들이 무색해지는 순간이었다.

내가 하고 싶지 않았던 현장으로 갈 것인지, 퇴사를 할 것인지. 모든 워킹 맘들의 가장 힘든 시점과 결정이 나에게도 찾아왔다. 다시 회사로 돌아가고 싶었지만 가야 할 그 자리는 두 아이들을 데리고서는 어려운 자리였다. 엄마가 되니 내가 마음먹은 대로 추진할 수 있는 일들이 사라졌다. 회사 명함에는 새길 수 없는 엄마, 아내라는 직함들은 나를 옭아맸고, 나만을 찾기에는 어려움이 많아졌다. 내가 하고 싶은 일 모든 것을 도전하고 성취하면서 기술적으로 발전시켜왔던 나는 억울하기도 하고 답답하기도 했다.

며칠 눈물이 계속 흘렀다. 결국 지금 내가 해야만 하는, 할 수밖에 없는 일을 선택했다. 그렇게 퇴사를 결정하고 아이들에게 집중했다. '그래. 아이들이 크고 나면 다시 나를 찾을 수 있을 거야'라고 확신했기 때문이다. 계속된 육아 중에서도 내가 할 수 있는 일들을 찾았고, 내 발걸음은 다시 옮겨졌다.

퇴사 후 자기계발과 자격증에 도전하다

나를 찾던 어느 날, 김미경 작가가 쓴 〈꿈이 있는 아내는 늙지 않는다〉라는 책을 도서관에서 읽었다. 답답했던 내 마음이 뻥 뚫리는 것을 느꼈다. 적절한 시기에 읽은 이 책은 공감이 많이 갔다. 책을 통해서 나의 마음은 다스려졌고 나의 꿈도 다시 꿈틀대기 시작했다. 아이들이 깨어 있을 때는 아이들에게 집중하고 두 아이들이 어린이집에 다니는 시간과 잠자는 시간에는 나에게 집중했다. 부족한 잠을 자고 친구들도 만나고 싶었지만 나에게 투자하는 이 시간을 허투루 보내지 않았다.

내가 지금껏 잘하고 즐거워했던 일인 베이킹을 동네 엄마들에게 내 집에서 수업을 진행했다. 몇몇 친한 집 아이들을 데리고 베이킹 놀이도 진행했다. 내가 만든 디저트가 맛있고 내 아이들이 실컷 먹을 수 있게 좋은 식재료들로 만들다 보니 주변 지인들이 하나 둘 과자 주문을 했다.
이거다 싶으면 달려드는 나는 포장 용기와 박스까지 주문 제작 했다. 본격적으로 디저트류를 만들어 판매, 납품 하고 싶어 여기저기 문의도 해보고 카페도 열심히 다녔다. 하지만 제품 생산은 불가능했다. 사업자등록이 필요했으며 집이 아닌 작업장에 필수 집기류들을 갖추고 식약청 허가를 받아야만 판매가 가능했다. 매장 오픈을 하면 되겠지만 그때 나의 우선순위는 육아였다. 육아를 하면서 할 수 있는 일을 찾아야만 했다.
다시 육아에 집중한 나는 우리 아이들에게 아이들 눈높이에서 다양한 경험을 체험시켜주는 놀이와 스스로 할 수 있도록 안전한 환경을 만들어 주며 놀아줬다. 아이들과 함께 여러 식재료들로 조물조물

놀면서 맛보고, 같이 밀가루를 뒤집어쓰기도 했다.

　여느 때처럼 커피 한잔 마시며 인터넷 기사를 보던 중 아동요리지도사 라는 직업을 접했다. '내가 찾던 거네!' 나는 대학생으로 돌아간 것처럼 바로 아동요리지도사 자격증을 알아보았고 한국아동요리지도자협회를 찾아내고 자격증 취득에 도전했다.

　아동요리지도사 자격증을 취득 후 선배 선생님들의 수업 현장에서 보조강사로 일하며 경험을 쌓았다. 수업 시간이 아이들 어린이집에 있을 시간이어서 나에게는 안성맞춤이었다. 수업 보조 후 집에서 아이들과 함께 했던 쿠킹 수업은 복습 시간이 되었다.
　보조 강사로 수업했을 때와 내가 메인강사가 되어 수업을 진행하는 부분은 참으로 다르다. 수업의 내용과 요리활동을 위한 1인 재료 준비 등 신경 쓸 부분들이 많기 때문이다. 주말에 복습한 나의 행동들은 아주 소중한 밑거름이었다. 또한 체계적 수업을 위해 당시 수업한 내용들을 정리하여 네이버 블로그에 기록도 시작했다.

잘못하는 것도 긍정적으로 보자

　자격증을 획득하기 위해서는 수업 시연 시간이 있었다. 학교생활과 직장 생활에서 발표를 안 해본 것도 아닌데 이상하게 수업 시연에 많은 사람 앞에 서는 것이 두렵고 떨렸다. 화이트보드에 원을 그리는데 원이 아닌 톱니바퀴가 그려질 정도였다. 5년간의 공백 동안 다수의 사람들 앞에 설 일이 없었으니 어찌 보면 당연한 일이었다. 하지만 손이 바르르 떨리고 식은땀 나는 내 모습에 많이 실망한 순간이었다. 20명 정도 되는 아이들 앞에서 수업을 해야 하는 직업 특성상 이런 모습은 용납할 수 없었다.

다시 일을 포기하든지, 이겨내든지 선택할 수밖에 없었던 나는 이겨내 보자고 마음을 먹었다. 주말마다 남편 앞에서, 동네 엄마들 앞에서 그리고 혼자서도 연습을 많이 했다. 메인 강사에 사정이 생겨 수업을 대신할 기회가 있을 때 청심환을 먹고, 벌벌 떨리는 손을 뒤로 숨겨가며 한 번 두 번 수업을 진행하다 보니 차츰 긴장감은 줄어들었다. 그때 떨렸던 순간은 아직도 생각나고 웃기기도 하지만, 누군가를 가르친다는 것은 단순 정보나 지식뿐 아니라 가르치는 사람의 내면을 먼저 탄탄히 다져야 한다고 느꼈던 시기였다.

통증은 참는다고 언젠가 당연히 없어지지 않는다. 내가 부족한 약점은 더 들춰내고 훈련시켜야 더 이상 약점이 아닌 강점으로 바뀌는 법이다. 자격증을 취득했으니 다음은 메인 강사가 되어 일할 곳을 찾아야 했다. 계속 누구의 밑에서 있기에는 금전적인 부분과 투자한 시간이 꽤나 아쉬웠다.

초등학교 방과후 수업 강사가 되어보려고 원서를 제출했다. 채용 공고가 올라온 대전의 모든 초등학교에 다 제출했지만 결과는 당연히 불합격이다. 그땐 내가 왜 당연히 불합격인지 이유를 알지 못했다. 나의 실력과 능력이 부족하다고만 생각했다. 취업 정보의 부재가 나의 걸림돌이었다. 보통 학교에서 방과후 강사 채용공고문이 올라오지만 기존에 수업을 진행하고 있는 강사가 그만두지 않는 한 경쟁하여 쉽게 합격할 수 없었다. 그런 정보와 이유도 모른 채 맨땅에 헤딩을 한 셈이다.

결국 나는 그동안 보조하며 도왔던 선생님들과의 만남도 많이 하며 어디 학교에 빈자리가 난다는 정보를 얻기도 했다. 대전지역뿐 아니라 금산까지 범위를 넓혀 원서를 접수하러 다니기까지 했다. 결국 대전에 한 초등학교를 시작으로 금산 중학교, 복지원, 어린이집에 이르기까지 평일, 주말 수업 일정이 차기 시작했고, 고정적인 수입도 만들어 낼 수 있었다.

'어렵고 힘들겠지만 남들이 기피하는 곳부터 시작하자' 라는 생각의 전환과 정보의 취합으로 결국 나를 찾는 곳이 하나하나 늘어났고 지금까지 내 일을 이어오는 원동력이 되었다. '거기는 이래서 나는 안 될 것 같다' 는 생각은 나의 기회를 좀먹을 뿐이므로 겁먹지 말고 내가 하는 일에 관한 다양한 정보부터 모아보자. 맛있는 초코케이크는 누구나 먹고 싶어 하는 법이니까 말이다.

　스스로의 힘만으로 난관들을 하나하나 넘어 생겨난 자신감은 다른 어려움들을 대수롭지 않게 만들어 주었다. 요리 수업과 연계할 PPT 준비와 재료 구입, 식재료 손질, 도구 준비, 수업 전 식재료 세팅, 수업, 정리 정돈까지 혼자 해 내야 하는 일이 생각보다 많다. 하지만 모두 할 수 있다는 자신감으로 이겨 낼 수 있었다. 물론 일에 따라오는 피곤함은 당연한 부분이었지만 집으로 돌아온 후 꼭 잠을 자면서 나름 해소할 방법도 찾아냈다. 맨 처음부터 잘하는 사람은 없을 것이다. 이제 시작하는 만큼 급할 것도 없으니 하나씩 쌓아 가면 된다는 것을 잊지 않으면 된다. 다만 올바른 방향으로 자신 있게 가자.

　지금도 나만의 위기 탈출 노력은 계속된다. 모든 아동요리 수업들을 블로그에 기록해 나가는 일도 하고 아이들 눈높이에 맞게 유튜브 영상도 제작하고 있다. 이런 사소하지만 하나하나 발전하는 모습은 나도 전혀 모르던 기관에서 수업 문의가 올 정도로 나를 돋보이게 만들고 있었다. 지금 생각하면 꿈만 같은 시간들이다.

　현재는 수업 진행 후 만족도가 높아지면서 주말뿐만 아니라 평일까지 문화센터, 가정지원센터, 다문화가정지원센터, 사회복지기관, 직업체험, 초등학교, 중학교, 실버요리 등 다양한 수업들을 진행하고 있다. 또한 업 스킬을 위해 제과제빵, 아동요리지도사 뿐 아니라 요리심리상담사, 실버심리요리지도사, 카페바리스타, 인성지도사, 방과후학교지도사, 자기주도학습지도사 등 여러 자격증에 도전하였고 현재 보유하고 있다. 요즘 트렌드를 수업에 접목하기 위해 유행하는 음식들과 디저트들을 연구해 항상 고민하며 신 메뉴에 도전도 하고 있다.

마쿠. 맛있는 쿠킹수업

수업 문의가 하나둘 늘어나면서 사업자등록을 해야만 했는데, 가장 고민되던 건 역시 상호였다. 나의 브랜드는 '마쿠'이다. 마쿠의 뜻은 맛있는 쿠킹 수업, 그리고 아이들 스스로 만든 음식에 마구 손이 간다는 의미이다. 엄청 어려운 뜻이 담긴 다른 이름들도 고민해 보았지만, 아이들이 바로 이해할 수 있도록 직관적인 느낌이 나타났으면 해서 선택했다.

아이들이 편식하는 식재료 없이 본인이 스스로 만든 음식에 자연적으로 손이 마구마구 가기를 바라는 마음에 지은 이름이다. 이런 내 마음이 전해지는지 수업을 듣고 있는 친구들이 싫어하는 식재료들을 거부하지 않고 먹어 본다는 이야기를 학부모님들께 전해 들으면 성공했다는 기분이 들어 좋다.

아동요리 수업으로 시작된 마쿠는 단순히 요리활동만 하는 것이 아니다.

요리활동 속에서 오감을 이용하여 식재료를 보고, 듣고, 만지고, 맛보고, 냄새 맡아본다. 이렇게 아이들의 호기심을 자극하고 흥미를 유발하여 스스로 참여해 보는 놀이인 동시에 학습하는 요리활동이다. 음식을 조리 완성하여 먹는 것으로 끝나는 것이 아니라 내가 만든 음식을 나누어 먹는 즐거움과 대화를 통해 공감시켜 줄 수 있는 최고의 교육 활동이다. 주입식 교육이 아닌 다양한 교육 영역을 요리활동과 접목시켜 줄 수 있는 아동요리 수업이다. 그래서인지 수업 참여하는 학생들은 항상 얼굴에 미소가 가득하다.

실버심리요리의 수업은 어르신들과 함께 추억의 음식도 만들어보며 새로운 음식들도 접해본다. 감정이 메말라 있지만 이야기를 나누면서 서로의 감정들도 어루만져 본다. 3년 동안 어르신과 수업 경험이 있는데 제가 오기를 기다리시기도 했다.

파티쉐 직업체험 특강 수업은 우리 꿈나무 초, 중, 고 학생들이 희망하는 직업인 파티쉐에 대해 알아보며 일일 체험하는 수업이다. 파티쉐 직업체험은 파티쉐가 되기 위한 자질도 알아보며 진로학교 등 다양한 업무들을 알아본다. 간단하면서도 기초가 되는 제과 제품을 만드는 체험을 한다. 인기가 많은 진로수업이다.

마쿠에서는 환경에 대하여 아이들이 올바르게 받아들이도록 노력하고 있다. 아동요리 수업이나 특강 수업을 하다 보면 일회용품들을 전혀 사용하지 않는 것은 불가능에 가깝다.

최근 환경에 대한 관심도가 높아졌고 우리 아이들에게 사소하고 간단해 보이지만 스스로 환경을 위한 행동을 실천하도록 하고 있다. 수업에 들어가는 재료들의 문제점을 찾아 일회용품을 하나하나 줄여가고 포장 비닐 대신 보냉 가방을 이용하도록 지도하고 있다. 지속적으로 실천하고 있으며 회가 거듭할수록 학생들이 가방을 챙겨오는 빈도수가 높아지고 있다.

마쿠 선생님은 아이들과 학생들을 너무나도 사랑하고 좋아한다. 내 아이가 요리활동을 한다는 생각으로 진심을 담아 수업하니 학부모님들에게도 좋은 수업이라 칭찬을 듣는다. 일 년에 두 번 공개수업이 진행되는데 학부모님의 응원 메시지를 많이 받는다. 정말 뿌듯하기도 하고 나의 열정과 진심을 인정해 주셔서 감사드린다.

아이들에게 요리로 즐거움, 자신감, 꿈을 피워 줄래요.

초고령화 사회, 인구 절벽이라는 말이 자주 회자될 정도로 인구감소가 심각한 요즘 학생을 가르치는 직업은 향후 하향 직업이라고들 한다. 하지만 학생 수가 줄어드는 현실에서도 요리를 통한 교육의 가치는 지속될 것이다. 세상 모든 부모 마음은 내 아이가 좋은 것을 먹고, 만지고, 바르고 행복하게 자라나기를 소망하기 때문이다. 나는 그 소망에 일말의 도움이 되는 직업이라고 생각한다.

　아동요리 수업을 들으러 오는 학생들의 얼굴 표정을 본 적이 있는가? 나는 매번 본다. 학생들은 부모님께 아동요리 수업 신청을 해 달라고 조른다. 방과후 수업을 듣기 위해 학생들은 자발적으로 교실을 찾아온다. 지각도 잘 하지 않는다. 이번 주 아동요리 수업 메뉴가 무엇인지 많은 기대를 하고 찾아오는 학생들의 얼굴 표정은 세상에서 가장 행복하고 즐겁다. 학생들이 요리를 통해 창의성과 자기 표현력을 발휘하며 자신감을 키워나가는 모습을 보면 큰 보람과 행복을 느낀다. 아동요리는 아동들과의 소중한 연결과 교감을 형성한다.

　아동요리지도자는 다양한 환경에서 활동 할 수 있다. 유치원, 초등학교, 방과후 수업, 아동복지시설 등 아이들이 있는 곳에서는 어디서든 말이다. 요리활동을 통해 잘못된 식습관을 교정하고, 아이들의 마음을 다스리는 요리치료를 통해 아이들의 건강과 정서적인 성장을 도울 수 있다. 아이들의 식생활 관련 지식과 올바른 식습관을 가르치며, 건강한 식단 구성과 영양 밸런스에 대한 이해를 심어 줄 수 있다.

　요리사와 아동요리지도사는 차이가 있다. 요리사는 요리를 전문적으로 준비하고 제공하는 역할을 담당하는 반면, 아동요리지도사는 아이들과 함께하는 요리활동을 통해 아동들의 정서적, 학습적, 창의적인 성장을 도모하는데 초점을 맞추고 있다. 아동요리지도사는 요리를 통해 아이들의 상상력과 창의력을 자극하며, 요리를 통한 학습을 통해 학생들이 다양한 능력을 발휘할 수 있도록 도와준다. 아이들의 성장과 발전을 돕기 위해 맞춤형 프로그램을 개발하고, 아이들의 흥미와 관심을 고려하여 효과적인 교육 방법을 찾아 나간다.

세상 모든 아이들이 행복하게 자라고 있는 한 아동요리지도사의 역할은 계속해서 성장할 것이다. 아동요리지도사는 미래의 꿈나무들의 자신감, 건강, 즐거움, 꿈을 책임지는 직업이다. 아이들의 꿈과 열정을 지원하며, 아이들이 자신의 잠재력을 최대한 발휘할 수 있는 환경을 조성해 주는 직업이다.

후회되지 않게 현재에 집중하자

육아 또는 주변 환경으로 현재 어려운 시기를 겪으면서도 지나가는 시간을 잊지 말아야 한다. 수입이 없다는 사실에 절망하지 않도록 하면서도, 수입은 우리의 일과 상황에 따라 변동할 수 있다는 것을 명심해야 한다. 우리가 힘들어하고 있는 동안에도 세상은 계속해서 움직이고 변화하고 있다. 우리는 그 변화에 적응하고 우리 자신을 발전시키는 기회를 찾아야 한다.

우리는 지금보다 좀 더 나은 상황에서 생활고자 노력하고 애쓴다.

그러나 그 방법은 사람마다 다르다. 우선, 우리가 잘하고 즐길 수 있는 일을 찾아보는 것이 중요하다. 이 일이 프랜차이즈라면 그것도 좋은 선택일 수 있다. 그 일에 대한 열정과 관심을 가지고 공부하며, 작은 단계부터 도전해보는 것도 좋은 방법이다. 우리는 시행착오를 거치면서 성장하고 발전한다.

수입 창출은 중요한 요소이기 때문에 수입을 창출할 수 있는 다양한 방법을 찾아야 한다. 어떤 사람들은 사업을 시작하거나 투자를 하며 수입을 창출하는 방법을 선택한다. 다른 사람들은 자신의 재능과 기술을 활용하여 프리랜서나 창작자로서 수입을 창출한다. 또 다른 사람들은 부동산이나 주식 등의 투자를 통해 수익을 창출한다. 우리는 우리 자신의 상황과 목표에 맞는 방법을 찾아서 실행해야 한다.

내가 좋아하고 잘하는 일이라도 지속적인 수익이 없다면 어려움을 겪을 수 있다. 이를 위해서는 내가 선택한 분야의 시장 동향과 소비자의 요구에 맞는 방향을 고려해야만 한다. 나만의 경쟁력을 갖출 수 있도록 지속적인 자기계발과 연구도 해야 한다.

마지막으로, 내가 실행하지 않는다는 것은 단지 꿈에 불과하다는 것을 기억해야 한다. 내가 실제로 행동하고 변화를 이루어야만 우리는 성장과 성공을 이룰 수 있다. 자신에게 자신감을 가지고 노력하며, 작지만 한 걸음씩 나아가면 된다. 어려움을 극복하고, 실패를 통해 경험을 쌓아 나가면 된다. 분명한 건 우리의 노력과 열정은 성공할 수 있는 기회를 꼭 가져다줄 것이다. 혼자 찾고 하기가 힘들다면 나와 같은 고민을 하는 분들과 함께 커뮤니티 속에서 성장해 나갈 수도 있다.

절망하지 말고, 내가 원하는 미래를 위해 지금 당장 움직여 보자. 힘들고 어려운 순간들이 있을 수 있지만, 그런 순간들을 극복하고 더 나은 내일을 향해 나아가는 모습을 기대한다. 우리는 함께 성장하고 발전할 수 있는 힘을 가지고 있다. 이렇게 노력하는 어른의 삶을 보고 있는 아이들이 또한 보고 배우는 길이다. 후회되지 않게 현재에 집중하자.

○ 현 주식회사 헤이김(대표)
○ 현 브랜드 헤이김 '올라운더'로 활동
○ 현 창업과 브랜드 공동 집필 저자
○ 전 미디어커머스 기업 BM(브랜드 매니저)
○ 전 주방가전 전문 기업 상품기획팀 대리
○ 전 일상, 생각 주제 파워블로거

이메일   rmagml8953@gmail.com
헤이김 공식인스타그램
https://www.instagram.com@heykim_gim
연락처   010-7305-7912

민금희

09

30살 청년, 김산업에 뛰어들다,
헤이김 창업스토리

어차피 창업이 답이라면 한 살이라도
더 어릴 때 도전하자

2023년 4월 10일 브랜드 헤이김 설립
운명처럼 한 회사의 대표가 되었다.
사노비로 6년간 밤낮없이 치열하게 살아온 삶의 결과일까?
이럴 거면 내가 하고 말지가 현실이 되었다.

내 미래는 내가 선택한다.
내가 잘 하는지 못하는지는 해봐야 안다.
어디로 튈지 모르는 삶. 두렵기보단 설렌다!

30살 청년, 김산업에 뛰어들다, 헤이김 창업스토리

30살, 새로운 방황

　직장 생활 약 5년, 나는 '올라운더'가 되어 있었다. '올라운더'의 사전적 의미는 다재다능한 사람을 지칭한다. 나는 상품기획자이면서 영업, 홍보, 마케팅 등을 총괄할 수 있게 되었다. 상품의 탄생은 아이를 낳는 것과 같은 고통이자 보람된 일이다. 내가 세운 기획안을 증명해 내기 위한 적절한 계획들을 세운다. 그 과정에서 많은 부서들을 설득하고 승인을 득해야 한다. 상품화는 대략 1년이 걸리는데 그 기간 동안 마늘과 쑥을 먹고 견뎌야 한다.

　기획자는 부담감이 클 수밖에 없다. 나는 내 부족함과 더 잘하고 싶은 욕심으로 새벽까지 일했다. 동료, 더 나아가 소비자를 설득하려면 더 많이 알아야 했다. 그러나 내가 열심히 하고 잘하는 것과는 별개로 회사의 상황, 대표의 방향, 각 부서의 KPI(핵심성과지표)에 따라 철저하게 외면받거나 지원을 받았다. 나는 신사업을 담당했다. 말이 좋아 신사업이지 사실상 외딴섬에서 나 혼자 다 해내야 했다. 나는 점점 지쳐갔다. 나의 미래를 생각할수록 답답하고 절망스러웠다.

당시 신사업 연계해 받은 정부 지원 사업에서 12억 환수 여부가 나에게 달려 있었다. 장장 3년 치 지원금 사용처의 정리와 소명을 나와 재무팀 대리님 단 2명이서 씨름을 했다. 100페이지가 넘는 3개년 최종 결과 보고서 작성까지 홀로 해내긴 힘들었지만 결국 환수를 받았다. 나는 공로상도 받으며 나름 인정을 받고 있었다. 그러나 내 모습은 좀비와 다름없었고 말라갔다. 언제부턴가 나는 주변 사람들에게 이럴 거면 내 사업을 하고 말지라는 말을 달고 다녔다.

5년이라는 기간 동안 나는 신규 제품 라인업 확대, 신규 소싱처 발굴, 제품에 최적화된 레시피 기획 및 개발, 검증, 인플루언서 초대 행사 기획, 입점 지원, 상세페이지 기획, 신규 브랜드 론칭 등 맨땅에 헤딩하는 많은 경험을 했다. 더 이상 나를 자극하는 그 이상이 없었다. 팬데믹으로 세상은 너무 빠르게 바뀌고 있었다. 온라인 플랫폼의 성장이 가속화되면서 이직 제안을 받아 스타트업으로 이직하게 되었다.

이전 회사에서 배운 것을 토대로 나는 빠르게 기획했고 매출 계획을 수립하고, 무리 없이 마케팅 등 론칭 플랜을 그려나갔다. 많은 일들이 나에게는 수월했다. 다만 상품 등록, 고객 후기에 답글 달기 등의 작업을 직접 하며, 온라인 판매 및 마케팅의 생리를 최전선에서 이해하게 되었다. 특히 감독, PD 인력이 있을 정도로 미디어 커머스에 특화된 기업이었기에 콘텐츠 제작에 탁월했다. 나는 소비자의 마음을 사로잡는 콘텐츠를 파악하고 구매로 전환하는 새로운 마케팅 기법을 알게 되며 급격하게 바뀌는 세상의 흐름을 읽게 되었다.

회사를 다닌 지 약 8개월 시점, 무분별한 투자로 인한 적자 심화와 모회사로부터의 매출 압박으로 일부 사업을 정리하게 되었고 그중 우리 부서가 포함되었다. 드디어 날기 시작한 날개가 꺾인 것 같았다. 생각지도 못한 일이었다.

코로나 특수도 꺼지며 온라인 커머스도 성장이 정체되고 설상가상 내수 침체로 회사들은 채용공고도 취소했다. 여자 나이 30세가 애매하다는 피드백도 처음 듣게 되었다. 이런 상황을 겪으니 길게 보고 제대로 선택해야 된다는 강박이 생겼다.

이직을 해도 더 이상 새로운 것이 없을 것 같았고 언제든 잘릴 수 있다는 생각이 강해졌다. 창업에 대한 확신도 없었다. 그러나 이런 상황이 나에게 운명처럼 다가온 기회로 느껴졌다. '성공하든 망하든 이럴 거면 네 사업을 해보면 어때?' 마음의 소리가 들리는 것 같았다.

새로운 인연은 새로운 기회를 만들어준다

회사를 그만두고 나는 카페를 전전하며 미래를 궁리하기 시작했다. 내가 원했던 타이밍이 아니다 보니 이 모든 상황이 혼란스러웠다. 혼자 생각하는 시간이 2달 정도로 길어지자 고립감과 불안감을 느끼기 시작했고 어떻게든 사회와 연결점을 만들어야겠다고 생각했다. 아빠의 소개로 창업하신 선배님을 만났다. 이런저런 이야기를 들으며 견문을 넓히라는 아빠의 뜻이었다. 발품을 많이 팔았다는 그의 조언이 와닿아 그길로 돌아와 국내외 박람회 리스트를 찾았다. 가능한 박람회는 모두 등록해버렸다. 이미 나는 자연스럽게 사업 아이템을 찾기 시작했다.

온라인 시장 활성화로 누구나 셀러가 될 수 있는 세상이다. 나 또한 일단 뭐든 해보자는 생각으로 도매사이트에서 주최하는 위탁판매 특강을 들었다. 그러나 해당 위탁판매의 핵심은 다량 상품 등록이다. 일명 뭐하나 걸려라 전략인데, 기획자로써 내가 걸어온 길과는 맞지 않았다. 또다시 생각이 많아질 즈음 등록해두었던 아마존 콘퍼런스에 참석하게 되었다.

결론적으로 아마존 콘퍼런스는 지금 내가 새로운 선택을 하게 된

촉매제였다. 이커머스 성장세는 계속될 테고 그중 글로벌 No.1 전자상거래 플랫폼으로써의 아마존은 아직도 기회의 시장이었다. 콘퍼런스는 이러한 시장 전망과 함께 제2의 한류 붐으로 한국산 식품과 뷰티 카테고리가 강세라고 했다. 그 순간 내 머릿속에는 창업 선배님의 아이템이 떠올랐다. '김'이었다.

일주일간의 시장조사로 얼마나 매력적인 아이템인지를 알게 되었다. 아이템 발굴은 시장성과 더불어 진입장벽, 성장 가능성, 나의 강점 및 리스크에 대한 이해가 중요하다. 창업 선배님과 내가 낼 시너지가 이 모든 것을 긍정적인 방향으로 충족한다 결론내어, 창업 선배님을 찾아뵙고 사업 계획 및 콘셉트 등을 ppt로 발표했다. 이는 3차례의 미팅을 거쳐 진행되었고 같이 사업을 하게 되었다. 후일담이지만 무엇보다도 척을 하지 않고 진정성이 있는 사람으로 느껴져서 동업을 해도 괜찮겠다고 판단하셨다고 한다.

뭔가에 홀린 듯 밀어붙이기는 했지만 중간중간 이게 맞는 건지 헷갈렸다. 나를 아끼는 가족과 지인들은 안정적인 회사를 좀 더 다녀보는 게 어떻겠냐고 했다. 구직이냐 창업이냐 생각할수록 답은 없었다. 그럴 땐 마음을 따르는 것이 답이다. 언젠가 내 일을 해야 한다면 조금이라도 젊을 때 시행착오를 겪자 판단했다. 나는 가족과 이야기하다 장난처럼 나온 '헤이김'을 회사 설립도 전에 출원해버렸다.

할 거면 제대로 하고 싶었다. 5:5 자본금 5,000만원으로 주식회사를 설립했다. 통신판매업도 신고하고 스마트 스토어를 개설했다. 적극적으로 외부정보를 활용했다. 아웃소싱을 통해 상표, 상세페이지를 만들었다. 아마존을 쫓아다니며 물류, 지원 사업, 인증 등 계속해서 새로운 정보들을 습득했다. 아마존 매니저를 통해 해외출원 지원 사업을 알게 되었다. 연결점들을 만들어놓자 정보와 기회들은 계속 이어졌다.

실행력은 중요하다. 그러나 방향성 없이 일단 뭐든 해보자는 위험한 선택일 수 있다. 나는 가장 빠르게 업계의 트렌드를 접하고 많은 정보와 아이디어를 얻을 수 있는 박람회를 다녔고 연결점을 만들어내기 시작했다. 그것으로 인생이 바뀌었다. 스티브 잡스가 스탠포드 대 졸업 연설에서 남긴 커넥팅닷(Connecting the dots) 또한 그러한 내용이다. 하나의 점들이 이어져 향후 어떤 일을 만들어낼지 모른다. 그렇기에 만남을 게을리하지 않아야 한다고 생각한다.

시작이 반이다

'시작이 반이다'라는 말은 절대 진리이다. 그만큼 시작하기까지가 가장 고비이지 않을까 싶다. 종종 주변 사람들을 만나면 취직시켜달라는 얘기를 듣는다. 그만큼 회사가 다니기 싫은 것이다. 뭔가는 해

보고 싶지만 창업에 도전하는 것은 겁나기 때문에 하는 말인 것 같다. 회사를 그만두고 나 또한 뿌연 안갯속을 걷는 것 같았다. 주변의 시선, 앞으로 어떻게 먹고살지 막막한 답도 없는 고민들의 연속이었다. 그러나 너무 많은 생각은 오히려 독이었다. 마음을 따라가자 결심한 후, 일단 자본금 5,000만 원으로 법인설립을 질러버렸다.

이커머스의 가장 큰 장점은 초기 자본이 적어도 가능하다는 것이다. 진입은 누구나 할 수 있지만 결국 어떻게 돈을 벌지가 관건이다. 나는 난관에 봉착했다. 돈을 벌 때까지 어떻게 버틸지 말이다. 매달 카드값은 물론이고 카페, 식당만 가도 하루에 1~2만 원은 우습게 지출된다. 또한 월세, 세금, 브랜드와 제품을 알리기 위한 홍보비용, 물품 대금, 플랫폼 입점 수수료, 기타 부대비용 등 법인으로 지출될 비용들도 만만치 않다.

그중 최고는 인건비다. 모아둔 돈도 별로 없고 최소한의 생계는 해결되어야 하기에 최저보다 못한 월급 200만 원을 받기 시작했다. 공동 창업자까지 해서 총 400만 원이 다달이 빠져나가기 시작했다. 인건비로만 버텨도 1년이면 끝나는 돈이기에 비용 계획을 잘 수립해야 했다.

제품이 빨리 나와서 판매를 빨리 시작하고 시행착오를 겪는 것이 가장 효율적인 상황이었다. 빠르게 준비해서 원래 출시 일정은 6월이었으나 갑자기 생산공장에 불이 나 전체 시설이 전소되었다. 아찔했지만 하늘이 도운 것인지 생산공장 사장님께서 생산량이 늘어날 것을 예상해 생산설비를 이미 몇달 전에 해외에서 추가 주문해두었고 화재보험도 들어 한 달이면 문제 없이 완공된다고 했다. 그러나 끝날 때까지 끝난 게 아니다. 식품 인증에 문제가 없는지 정부 인증기관과 논의하며 추가 지연되었고 이제 곧 9월에 첫 생산이 시작된다.

내가 어찌할 수 없는 일로 스트레스 받는 것만큼 답답한 게 없다. 그 기간 동안 준비를 철저하게 하는 게 가장 최선이었다. 생산된 후 입점 영업을 하고, 마케팅 방법을 알아보기 시작하면 결국 이번 연도 말이나 제대로 판매될 것이다. 나는 박람회 등 연결점을 만들어가던 와중에 우연히 판판대로라는 소상공인 지원해 주는 정부 산하기관을 알게 되면서 실질적인 도움을 많이 받았다. 일반적으로 닿기가 어려운 대기업 플랫폼과 연결해 주니 심사만 거쳐 통과되면 입점이 가능하다. 나는 오아시스 마켓, 롯데몰 등 입점에 성공하며 미리 세팅을 해둔 상태다.

오프라인에 있는 작은 가게들은 스쳐 지나가더라도 볼 수는 있다. 그러나 온라인은 가상의 공간이기에 기본적으로 홍보 없이는 보이는 게 불가능하다. 온라인이 곧 마케팅인 이유이다. 모든 것이 다 비용이기에 한정된 예산을 잘 분배해야 한다.

대행사를 쓰기보단 일단 부딪치면서 배우기로 했다. 가장 손쉽게 브랜드와 제품을 알릴 수 있는 방법은 SNS이다. 사장님이 직접 운영하면 콘텐츠가 다소 어설퍼도 진정성 있게 다가갈 수 있다. 비용도 절약하면서 소비자와 소통하고 콘텐츠 반응도 보면서 점점 매력적인 콘텐츠를 만들어가는 방법을 배울 수 있다.

헤이김도 공식 인스타그램을 개설했고 2개월이 좀 안돼서 큰 홍보 없이 팔로워가 110명이 되었다. 지인이나 맞팔, 불분명한 계정이 아닌 진짜 고객들이기에 매우 감사하게 생각한다. 아주 작은 날갯짓이지만 시작이 반이다!

최고급 원초와 한정수량생산으로
매일이 신선한 김, '헤이김'

김사업을 한다고 말하면 백이면 백 생뚱맞다는 반응을 보인다. 보통 몸담은 분야와 유사한 직종에서 시작하는데 말이다. 그러나 나는 산업의 종류만 바뀌었을 뿐 하는 일은 그대로라고 생각한다. 내가 해왔던 경험들을 이식하면 어떤 산업에서든 꽃피울 수 있다고 자신한다. 그럼에도 김 산업을 선택한 이유는 전망이다. 김은 한중일 세 개 국가가 유일하며 그중 한국산이 최고다. 김의 글로벌 수요가 점차 증가하고 있다. 이 말은 즉 전 세계가 무대인데 한국이 독보적인 플레이어라는 뜻이다.

그렇다면 누구나 할 수 있을까? 바로 진입장벽이 중요한 이유다. 김 산업은 다소 폐쇄적이어서 네트워크가 중요하다. 유통 프로세스도 남다르다. 우리가 흔히 아는 브랜드들도 중도매인에게서 공급받아 가공해서 김을 만드는 형태다. 김 전문가가 부족한 것이다.

헤이김을 시작한 이유가 여기에 있다. 자신감이 있어서다. 헤이김 공동대표 창업 선배님은 10년간 김 시장에 몸을 담으신 분이다. 어느 산지에서 어느 시점에 어떻게 가공하는 김이 맛있는지를 알고 계신다. 또한 100여 곳의 산지와 가공공장과 신뢰관계를 구축하고 계신다. 나는 그간의 경험으로 온라인 시장 전문성을 지니고 있고 무엇보다 젊은 감각과 열정이 있다. 서로의 부족한 부분을 채우며 시너지를 낼 수 있는 이상적인 파트너십임은 분명하고 상호 신뢰까지 더해져 금상첨화라고 하고 싶다. 이 관계를 잘 유지하기 위해 노력할 것이다.

나는 헤이김의 콘셉트를 구상할 때 우리의 강점과 약점을 십분 활용하기로 했다. 우리는 최고급 원초를 우선적으로 확보할 수 있다. 중간 도매상을 거치지 않아 가격 경쟁력도 있다. 다만 우리의 현재 위치는 소상공인이다. 많은 수량을 감당하기는 벅차다. 고민하다 내린 결론은 한정수량 판매이다. 소비자는 바로 볶아 바로 판매된 제품으로 신선한 김을 제공받을 수 있다. 판매자는 재고량을 컨트롤할 수 있고 퀄리티 체크도 용이하다. 소비자와 판매자 모두 득이다. 그렇게 최상급 원초와 한정수량 생산으로 매일이 신선한 김, 헤이김이라는 모토가 탄생했다.

이제 우리는 소비자들에게 이미 친숙한 브랜드들 속에서 어떻게 헤이김 브랜드를 알릴 것인가에 대한 고민이 필요했다. 제품 차별화가 우선이었다. 이미 질 좋은 김을 대량으로 저렴한 가격에 판매하는 시장 제품들이 있었다. 그런데 소인 가족이 먹기에는 부담스러운 대용량과 단순 포장으로 보관하기가 어렵다는 문제점이 있었다. 여름에는 특히 눅눅해지고 나중에는 냉동실 화석으로 전락해버린 경험이 있을 것이다. 그런 부분에 대한 아쉬움을 해결하고자 한포 스틱형 제품을 개발하였다. 헤이김 스틱 김자반은 한 끼 용량으로 한 포씩 소포장되어 있어 먹거나 보관하기에 용이한 장점이 있다. 이를 시작으로 소비자들의 페인 포인트(pain point)를 해결하는 착한 제품들을 준비하고 있다.

앞서도 이야기한 연결점들을 통해 헤이김은 이미 다양한 기회들을 만들어 가고 있다. 잘만 들여다보면 도움을 받을 수 있는 곳이 많다. 정부 지원 사업을 통해 현재 미국, 일본, 중국에 상표권을 출원하였다. 비용의 대부분이 환급된다. 또 다른 지원 사업으로 오아시스 마켓과 롯데몰에 입점하였다. 9월에는 소싱 위크를 통해 제품을 킨텍스에 전시하고 해외 바이어를 만날 예정이다. 열심히 파헤치고 다니니 얼마 전에는 온라인 크라우드 펀딩 플랫폼, 와디즈에서 연락이 와서 입점을 준비하고 있다.

이커머스(E-commerce)는 이제 시작이다. 기회를 잡아라!

제품만 준비되었다면 글로벌 무대로 나가는 일은 아무것도 아니다. 마냥 낙관적인 게 아니다. 생각해 보자. 온라인 플랫폼은 우리의 삶을 계속 변화시키고 있다. 현실을 사는지 모바일 환경 안에 사는 건지 헷갈릴 정도다. 그만큼 우리는 모바일 속 세상에 의존하고 있다. 플랫폼이라는 다리는 더 쉽게 세계와 연결해 준다. 아마존, 쇼피와 같은 전자상거래 플랫폼을 통해 우리는 손쉽게 해외에 마켓을 개설하고 해외 소비자와 만난다. 물류도 알아서 해주니 얼마나 좋은 세상인지 모르겠다.

작은 브랜드들이 성공할 수 있는 시대가 온 것이다. 소비자들이 원하는 제품을 적시에 제공하고 마케팅하여 판매로 이끌어낼 노력만 있으면 된다. 심하게 이야기하면 직원이 없어도 된다고 생각한다. 이 또한 플랫폼이라는 다리로 각 분야의 능력자들과 연결되어 그들의 전문성을 그때그때 활용하면 그만이기 때문이다. 아웃소싱을 적극 활용하고 그 시간에 트렌드를 공부하고 전략 구상에 힘써야 한다.

SNS를 통하면 더 많은 소비자와 더 가까이 만날 수 있는 이점이 있다. 온라인에서 성공한 작은 브랜드들을 잘 눈여겨보면 소비자와 소통하는 브랜드가 많다. 타깃 소비자의 감성에 맞는 콘텐츠를 만들고 SNS에 유통한다. 얼마나 신뢰할 수 있는 제품인지, 브랜드인지, 다른 제품과는 어떻게 다른지를 콘텐츠로 한눈에 보여주는 것이다. 많은 콘텐츠를 만들어 소비자들의 반응을 보고 그에 맞게 계속적으로 고도화해 나가야 하는 노력이 필요하다. 요즘 말하는 A/B TEST이다.

온라인에는 데이터가 남는다. 데이터를 분석하면 판매에 도움이 되도록 활용할 수 있다는 뜻이다. 이런 특성과 흐름에 기반하여 퍼포먼스 마케팅은 주목받는 마케팅 기법이다. SNS의 수많은 유저 중 제품에 적합한 타깃을 골라낸다. 어떤 타깃 군이 반응이 좋았는지 측정한다. 우리 홈페이지에 온 소비자가 왜 구매하지 않고 이탈했는지 추정한다. 제품 가격의 문제인가? 매력적이지 않은 콘텐츠의 문제인가? 계속해서 수정하고 고도화한다. 그렇게 구매 전환율을 높인다. 앞으로는 온라인을 제대로 이해하고 활용하는 자가 시장을 선점할 것이라 생각한다.

온라인 생태계를 공부하며 발 빠른 사장님들은 이미 글로벌로 눈을 돌렸다. 시장은 크게 보아야 한다. 내수는 한계가 있다. 감사하게도 온라인 플랫폼을 통해 해외에 손쉽게 닿을 수 있다. 그리고 K POP 한류에 감사한다.

현재 우리는 글로벌로 진출하기에 너무나 좋은 환경이다. 헤이김도 온라인에 기반한 해외 시장을 메인 타깃으로 공략할 계획이다. 그래서 각 플랫폼을 이해하기 위하여 강의를 듣는다. 모든 플랫폼이 검색 기반이기에 검색 알고리즘 최적화 마케팅 전략을 수립하기 위하여 공부한다.

헤이김은 치즈나 초콜릿처럼 전 세계인들이 즐기는 주식이자 간식으로써 한국 김의 세계화를 목표로 한다. 허상이 아니다. 진정으로 가능하다고 믿는다.

우리를 둘러싼 디지털 환경이 많은 기회를 제공하고 있지 않은가? 나는 김 산업의 젊은 피로써 감히 온라인 시장에 대한 이해도가 선배님들보다 조금 더 높다고 생각한다. 가장 한국적인 것이 세계적인 것이라는 말이 이제야 이해가 된다.

우리가 당연시하고 즐기고 있는 것들은 동시에 세계적인 게 될 수 있다. 도처에 널려 있는 기회를 누가 포착하고 잘 활용하느냐의 문제다.

"알은 세계이다, 태어나려는 자는 세계를 깨뜨려야 한다"

20대에 읽은 책 『데미안』은 나에게 샘솟는 열정과 강렬한 감동을 선사해 주었다. 사실상 새는 알 속에 있을 때 안전하다. 그러나 기어코 알을 깨고 나온다. 무언가 새로운 것을 잉태하기 위해서는 낡은 것에 반대하며 부딪치고 부서져야 한다는 의미다. 나의 세계도 마찬가지였다. 여전히 직장을 다녔다면 꼬박꼬박 월급은 나왔겠지만 마음 한편의 불만족스러움은 영원히 없앨 수 없었을 것이다.

당장 그만둘 수 있는 용기가 대부분의 사람들에게는 없다. 안되면 어떡하지라는 막막함, 당장의 고정지출 등 현실적인 문제가 있기 때문이다. 특히나 가정이 있다면 더 큰 용기가 필요할 것이다. 나는 운이 좋아서 내 것을 일찍 시작해 볼 수 있었다고 생각한다. 지금 돌이켜보면 운이지만 작년은 나에게 있어 절망적인 한 해였다. 야심차게 들어간 회사에서 8개월 만에 실직하다니. 그러나 그때의 사건이 신의 한 수였다.

마음속 소리에 귀를 기울이지 않았더라면 이직하고 안정적으로 잘 살고 있을 것이다. 그런데 마음이 이상하게 사업 쪽으로 기울었다. 나에게 있어 엄마의 영향력은 크다. 나는 K 장녀(한국의 장녀)라 그런지 믿음에 항상 부합해야 한다는 부담감을 가지고 있다. 가장 가까운 가족에게 힘든 길을 가겠다고 이야기하고 동조를 구하는 건 어려웠다. 그러나 '금희가 재밌다는데 어쩔 수 없지 뭐'라는 뜻밖의 반응은 그 어떤 말보다 나에게 큰 힘이 되었다.

현재 미국에서는 조용한 해고, 조용한 고용이 유행이라고 한다. 해고가 아닌 좌천 성격의 인사이동, 적극적인 고용을 하지 않고 기존의 인력을 활용한다는 것이다. 앞으로는 회사도 최적의 인재가 아니면 굳이 인력 채용에 투자하지 않을 것이고 오히려 AI를 적극적으로 이용해 인력을 대체해 나갈 것이다.

반대로 이러한 전 세계적인 흐름은 오히려 창업자들에게는 기회다. AI 도움을 받아 해외 시장 진출도 척척할 수 있다. 중국어를 몰라도 Chat GPT가 알아서 중국어로 대본을 써준다. 그 내용을 그대로 SNS에 올린다. 실제로 해외 진출 대행사가 실무에 이용하고 있다.

세상은 급속히 변하고 있다. 자동화 트렌드와 온라인 시장이 만나 또 다른 모멘텀을 만들어내고 있다. 글로벌 시장은 이제 시작이다. 한류, K 콘텐츠가 날개 돋친 듯 팔리고 있다. 이 또한 '넷플릭스', '유튜브'라는 온라인 플랫폼을 통해 만들어진 파급효과이다. 지금이 바로 도전에 적기다. 소상공인이 뛰어들기에 너무나 좋은 환경이다. 최근 중소업체 냉동 김밥이 틱톡에서 20일도 안되어 1100만 뷰를 달성하며 한 달 만에 미국 마트 재고가 바닥났다고 한다.

아이템을 찾는 것이 가장 어려운 일이다. 짬짬이 관심 있는 분야의 박람회를 방문해 보자. 업계 흐름을 한눈에 읽을 수 있다. 그리고 흥미로운 부스에 가서 궁금한 것을 물어보고 얘기해 보자. 계속 박람회나 콘퍼런스, 강의를 쫓아다니면 어떤 아이디어가 불현듯 찾아오게 된다. 이게 연결점을 만들어 놓는 방법이다. 당장은 내게 도움이 되지 않더라도 자양분이 되어 훗날 다시 돌아오게 되어 있다. 밖으로 나와 보니 세상은 훨씬 넓고 생각보다 도움받을 곳은 많다. 상세페이지도 정부지원으로 만들 수 있다. 온라인에는 초기 비용이 들지 않는다. 도전해 볼만한 매력적인 시장임이 분명하다!

○ 코지커머스(대표)
○ 브랜드 'aptus', '압투스' 상표권 획득
○ 다수 기업 온라인 사업 마케팅부 팀장
○ 투자사 벤처 투자팀 투자심사역
○ 이벤트 회사 인력파견 팀장

이메일　info@cozycommerce.kr
블로그　https://blog.naver.com/noeaa
연락처　010-7146-7111

주효진

# 10

온라인 커머스 브랜드 '압투스' 창업기
언택트 소비가 부른 온라인 커머스 열풍

하고 싶은 게 너무 많은 찍먹형 인간.
지구력은 약하지만 실행력이 좋아 새로운 도전과 경험하기를 좋아한다. 언젠가 치게 될 홈런을 노리며 계속해서 배트를 휘두르는 중이다.

2022년 30살, 중소기업 디자인팀 과장에서 내 회사 〈코지커머스〉 대표로 승진. 나는 보장되지 않은 불확실한 미래를 선택하고 내가 꿈꾸던 삶의 주인이 되었다.
지금은 해외 현지 살기도 가능한 디지털 노마드.
앞으로도 많은 선택과 성공이 나를 기다리고 있다.

온라인 커머스 브랜드 '압투스' 창업기

늘 떠들고 다니던 나의 꿈 실행하기

16살, 길거리 노점에서 옷을 판매하기 시작했다. 시작은 별것 없었다. 벼룩시장을 보고 지원하게 된 아르바이트가 노점에서 의류를 판매하는 일이었고 하루 장사가 끝나고 나면 그날의 수익을 7:3으로 나누어 내가 3을 갖는 형식이었다. '옷을 떼오는 것 외에 좌판을 펴고 판매를 하는 실질적인 실무는 내가 다 하는데 내가 얻는 것이 왜 3이어야 할까?' 생각하다 동대문에서 직접 옷을 떼 노점 의류 장사를 시작했다. 4,000원에 옷을 가져와 12,000~25,000원에 파는 쏠쏠한 장사였지만 계절의 영향을 많이 받는다는 단점이 있었다. 이후 100년 만에 한파가 찾아왔고 추운 겨울 길에서 일하는 어린 딸이 보기 싫다는 엄마의 말에 노점 장사를 접고 인터넷 쇼핑몰을 차렸다.

당시에는 검색 기반 플랫폼에 입점하지 못했기 때문에(당시의 옥션, 인터파크 등) 손님들을 나의 쇼핑몰 링크로 들어올 수 있게 유도해야 했다. 마케팅의 "마"자도 모르던 시절 나는 자주 가던 커뮤니티 사이트에 "구걸하는 쇼핑몰"이라는 컨셉으로 웃기게 글을 작성해 올렸고 쇼핑몰 의류 상품명을 "옷 하나만 사주세요 제발" 등으로 작성해 이목을 끌었다.

결과는 꽤 성공적이었다. 하루 500명 이상의 손님들이 내 자사몰로 유입되었으며 쇼핑몰 내 커뮤니티 게시판이 활성화되어 고객들과 하루 일과를 공유하고 친구처럼 지냈다. 내 쇼핑몰을 매일같이 방문하는 골수 팬들도 제법 있었다.

쇼핑몰 사업은 오래가지 못했다. 나이가 어리기도 했고 옷을 고르는 안목이나 고객 응대 등도 매끄럽지 못했다. 트래픽은 있었으나 수익으로 이어지지 못했다. 지금 생각해 보면 옷의 품질과 디자인이 좋지 못했는데 팔린 게 신기할 정도다. 이후에 쇼핑몰 사업을 접고 쇼핑몰 제작 및 운영 경험을 살려 마케터 겸 디자이너로 경력을 쌓았다.

나는 주로 중소기업 디자인팀에서 근무했는데 마케팅과 디자인 업무를 함께 소화해야 하는 곳이 많았고 자연스럽게 블로그, 바이럴 등 마케팅과 광고 업무를 함께 하게 되었다. 내가 다니던 회사들은 판매 사업부 중 하나로 온라인 사업부가 있는 곳들이었고 해당 기업 자체에서 제품을 제조하거나 해외에서 수입하여 온라인을 통해 판매하는 온라인 커머스 회사였다. 나는 자연스럽게 제품의 수입과 판매, 마진율에 대해 알게 됐다.

경력이 쌓이다 보니 업무 능력은 당연히 늘게 되었고 승진도 어렵지 않았다. 하지만 업무에 대한 자신감이 생길수록 내 사업을 하고 싶다는 생각이 강해졌다. '내 일을 지금처럼 한다면 성공하지 않을까?' 하는 생각이었다. 나는 제품 판매에 있어 모든 일에 관여했다. 제품의 상세 페이지 제작과 마케팅, 디자인, 기획, 온라인 판매 관리와 광고까지 모두 직접 했기 때문에 회사의 판매능력이 곧 나의 판매능력이라고 생각했다. 제품의 소싱 방법만 알게 된다면 내가 판매하는 제품도 잘 팔 자신이 있었다.

언젠가부터 나는 내 사업을 시작해 직접 온라인몰을 운영하겠다고 떠들고 다니곤 했는데 한참을 떠들고 다닌 지 3년 정도 되어가던 무렵, 퇴사를 함과 동시에 내가 말하고 다니던 일이 현실이 되었다. 구체적으로 늘 상상 하고 있던 탓에 퇴사 후에는 고민할 시간도 없이 바로 사업을 시작했고 몇 년간 세워온 구체적인 계획은 행동으로 옮겨졌다. 늘 떠들고 다니던 나의 꿈이 실행됐다.

일단은 실행 먼저, 결정은 나중에

첫 제품을 소싱 할 때 꽤 골머리를 앓았다. 어떤 제품을 가져와 판매를 해야 할까 고민하다 보면 타이밍을 놓치기 일쑤였다. 내가 여러 이유로 고민하던 아이템이 시장에 이미 풀려 흥행하면 그저 힘이 빠지고 상대가 부러웠다. 이렇게 고민만 하다가는 결국 소싱 자체부터 할 수 없을 것이라는 생각에 첫 제품은 그냥 눈에 보이는 아무 제품이나 가져오기로 마음먹었다. 일단 첫 물꼬를 트고 수입 경험을 해보는 것에 목표를 두었다. 일단은 실행 먼저, 결정은 나중에 하자는 전략이었는데 지금 생각해 보면 옳은 판단이었다. 수입이든 판매든 일단 1회차를 한 바퀴 돌려봐야 그 생태계를 알 수 있다.

제품을 수입하는 과정은 설렘의 연속이었다. 영문으로 된 인보이스(거래명세서)를 받아 은행에서 무역 송금을 하고, 중국 공장과 OEM 계약을 체결했다. 영어로 된 무역 관련 서류를 만질 때마다 진짜 사업가가 된 것 같은 느낌에 기분이 좋았다. 태어나서 처음으로 월세 계약서가 아닌 곳에 도장도 찍었다. 내 첫 소싱 제품은 여행용 캐리어였는데 제품을 1회차 수입하고 나니 제품 수입에 관한 기본기가 보이기 시작했다. 해외에서 물건을 수입할 때는 인보이스라는 것이 필요하고 기업 대 기업으로 해외 무역 송금을 해야 하며, 물건이 통관될 때는 사업자 명의로 통관해 관세를 지불해야 한다. 그리고 나의 요구에 따라 패키징 작업과 기타 사항을 요청해 공장과 협의하면 내 제품의 제작부터 완성까지 지켜볼 수 있다.

　제품 수입 이후 내가 선택한 첫 온라인 판로는 와디즈 크라우드 펀딩이었다. 크라우드 펀딩을 통해 고객들의 반응과 판매 데이터를 모아 다른 플랫폼에서 판매를 시작할 계획이었다.
　내가 가져온 제품은 한국에서 출시된 적 없는 신제품이었고 크라우드 펀딩을 통해 성공적으로 론칭할 수 있었다. 기대에 미치는 어마어마한 금액이 달성된 것은 아니지만 펀딩을 통해 판매 그 자체에 대한 1회차 경험을 할 수 있었다. 이후에는 크라우드 펀딩에서 모금된 금액과 달성률 등을 트로피 삼아 상세페이지를 새로 만들고 스마트스토어, 쿠팡, 지마켓 등의 플랫폼에 판매하기 시작했다.
　그렇게 쌓인 수입 경험과 판매 경험을 토대로, 2차 3차 물건들을 연이어 소싱해 론칭했다. 라인업을 늘리다 보니 제품 선택에 대한 기준도 생기기 시작했고 판매 데이터 파악이나 시장조사도 훨씬 쉬워졌다.
　제품 소싱이든, 판매든 한 가지에 매달려 시작도 하기 전에 고민하는 것보다는 일단 실행해 보고 경험치를 얻어보는 것이 좋다. 직접 경험해 보기 전까지는 판단을 내릴 수 있는 제대로 된 정보를 얻기 힘들고 조심스럽고 신중할수록 해당 경험치를 얻는 데까지의 시간은 길어지기 때문이다.

처음 100만 원으로 시작했던 제품의 수입 대금은 1년여 만에 100배 이상으로 불어났다. 첫 제품을 수입하던 순간의 기억이 지금도 생생하다. 해외 직구조차 해본 적 없던 내가 다른 나라 공장의 물건을 직접 수입하려니 막연한 두려움이 있었다.

하지만 뭐든 처음이 어렵다고 첫 물꼬를 트고 나니 생각만큼 어려운 일이 아니었고 1회차 경험을 통해 많은 것을 배울 수 있었다. 만약 그때의 내가 아무 물건이나 가져와 소싱을 시작하지 않았더라면 지금도 여러 가지 리스크를 생각하며 고민만 하고 있었을지 모른다.

모든 일은 일단 실행해 보고, 경험치를 얻은 후에 결정해도 늦지 않다. 지금 하려는 일이 무엇이 됐든 일단은 바로 시작해 보자. 리스크가 있더라도 빠르게 실행해 보고 경험치를 쌓는 것이 중요하다.

경쟁 사회에서 싸우지 않고 이기는 법

"온라인 판매를 하면서 가장 힘든 일은 무엇일까?" 처음에 나는 진상 고객일 것이라 생각했다. 물론 그런 경우도 많았다. 얼굴이 보이지 않는 익명의 공간이라 그런지 말을 함부로 하거나 말도 안 되는 요구를 하는 고객들을 자주 볼 수 있었다. 처음엔 같이 분노하고 반응했지만 이것도 적응되고 나니 큰 스트레스를 받지 않았다.

가장 힘든 건 경쟁 업체와의 싸움이었다. 온라인은 특히 경쟁업체와의 심리전이 정말 치열하다. 서로가 보이지 않는 탓일까? 신고는 기본이고 상대 업체의 물건을 구매해서 악의적인 리뷰를 남기기도 한다. 심각한 경우 상대 업체의 주소로 찾아가 위협을 하거나 해코지를 하는 경우도 있다.

나의 첫 경쟁업체는 나와 동일한 제품을 수입해 판매하는 곳이었다. 중국 OEM 제품이기 때문에 같은 제품을 가져오는 것에 대해서는 내가 개입할 권한이 없었다. 다만 내가 상세페이지를 수정하고 나면 잠시 뒤 경쟁업체도 동일한 내용으로 상세페이지를 수정하고, 새로운 서비스를 제공하기로 하면 상대 업체에서도 똑같은 내용의 서비스를 제공했다. '저 사람은 하루 종일 내 상세페이지만 보는 건가?' 하는 생각이 들 정도로 보이지 않는 전쟁의 느낌이 강했다. 서로 알고는 있지만 심증만 있는 그런 싸움이었다.

그러던 중 내 제품에 정성스럽고 긴 악성 리뷰가 달렸다. 실제 고객이 아닌 경쟁 업체임이 확실했다. 배송 주소지가 상대가 운영하는 여러 회사 중 한 곳의 창고였기 때문이다. 대놓고 본인 회사 주소로 시킨 것은 아니지만 조금만 검색해 보면 알 수 있는 정보였기 때문에 그 사람이구나 하는 확신에 화가 났다. 같은 공장에서 같은 제품을 받아 판매하는 사람이었는데 "이런 말도 안 되는 물건을 팔다니, 인생 그렇게 살지 마세요"라는 리뷰를 단 것이다.

이렇게 나온다면 나는 더 비열한 방법으로 나가야겠다 싶어 상대 업체의 물건을 주문 후, 더 심한 악성 리뷰를 달겠다고 이를 갈고 있었다. 하지만 생각해 보니 이 싸움에 투자하는 나의 시간과 에너지가 아깝다는 생각이 들었다. '혼자 일하는 처지에 이렇게 내 하루와 시간을 낭비하는 것은 엄청난 자원 낭비가 아닐까?' 생각했다. 이렇게 분노하고 반응할 시간에 제품 하나를 더 소싱하고 상세페이지 하나를 더 작업하는 게 나에게는 이득이었다.

상대가 시비를 걸었다고 해서 같이 대응하면 결국에는 함께 파멸한다. 특히 온라인은 더 그렇다. 가격 경쟁도 마찬가지인데 긴 치킨 싸움의 끝은 결국 마이너스다.

상대를 이기고자 계속 가격을 낮추다 보면 승리는 거머쥘 수 있을지언정 수익과는 멀어진다. 그래서 나는 내 스스로를 지키기 위해 평화 협정을 맺는 쪽을 택했다. 상대 대표에게 전화를 걸어 같은 판매자끼리 잘 지내보자며 리뷰만 좀 지워주시라 예의 바르게 부탁했다. 처음에는 모르쇠로 일관하던 상대 대표도 계속된 설득에 리뷰를 지워주겠노라 얘기하고 훈훈하게 마무리 되었다. 그 이후에는 약속이라도 한 듯 서로 경쟁하는 일이 없어졌다.

나는 내가 겪는 문제 상황을 최대한 빨리 처리하고 손절하는 편이다. 자존심 싸움이 고소와 협박으로 번지는 상황이 오면 결국 시간과 에너지를 뺏기는 것은 내 쪽이다. 나의 시간과 에너지는 소중하기 때문에 나에게 심적인 리스크가 생기는 모든 일은 길게 끌지 않는다.

쓸모 있는 무언가 '압투스'

온라인 판매에 있어서 브랜드는 어떤 의미일까? 나만의 아이덴티티를 보여줄 수 있는 것? 마케팅에 있어 경쟁력을 갖출 수 있는 무언가? "온라인 셀러로 살아남으려면 결국엔 브랜딩을 해야 한다"라는 말이 있다. 남들과 똑같은 제품을 사입해 가격 경쟁력이 아닌 제품 경쟁력을 확보해 제품을 판매하려면 자신만의 제품 브랜딩이 필요하기 때문이다.

대부분의 제품은 기술력의 차이보다도 제품에 어떤 가치와 메시지를 담아내느냐에 따라 흥행 여부가 결정된다. 아무리 좋은 제품이라도 시장에서 눈길을 끌지 못하면 그대로 사라지게 되어 있다. 브랜딩의 힘은 우리 일상 속 다양한 제품에서 확인할 수 있는데 2020년 출시 이후 편의점을 중심으로 폭발적인 인기를 누렸던 "곰표 맥주"도

그 예중 하나다. 수제 맥주 제조사인 "세븐브로이"와 곰표의 상표권을 갖고 있던 "대한제분"이 콜라보레이션 해 선보인 "곰표 맥주"는 국내 수제 맥주 시장의 전성기를 펼친 바 있다.

맥주의 맛도 맛이지만 "곰표"라는 상표에서 가져올 수 있는 뉴트로 감성을 통해 브랜딩 효과를 톡톡히 본 것인데 최근에는 "대한제분" 사에서 "곰표 맥주"의 제조사를 바꾸어(콜라보레이션 사) 분쟁이 일고 있기도 하다.

이처럼 제품 자체를 시장에 퍼뜨릴 수 있는 "힘"이 곧 브랜딩이다. 아무리 좋은 제품이어도 소비자에게 닿지 못한다면 무용지물인 법. 제품에 자신이 있을수록 브랜딩에 더욱 힘써야 한다.

브랜드 "압투스"는 "쓸모 있는 무언가"라는 뜻의 라틴어로 합리적인 가격과 감성적인 아이템을 선보이는 브랜드다. 우리 일상 속 접할 수 있는 많은 제품들 중 다소 투박한 디자인이나 아쉬운 점을 보완해 새롭게 제작하고 공장도가에 가져와 가성비 좋은 제품을 선보이고 있다.

초반에는 주로 감성적이고 예쁜 아이템을 선보인 탓에 주 고객층은 20~30대 여성이었다. 하지만 성별, 연령에 구애받지 않는 브랜드가 되고 싶어 최근에는 남성을 타깃으로 한 "헬스용 더플백"과 주부들을 타깃으로 한 다양한 주방용품 등 "압투스"만의 느낌과 감성을 담은 다양한 제품을 론칭 중이다. 한가지 제품군에 몰두하지 않고 다양한 제품 카테고리에 스며들어 우리 일상 속 모든 제품에 "압투스"의 느낌을 담아 새롭게 선보이는 것을 목표로 한다.

보통 제품 브랜딩은 장기적인 시선에서 미래의 수확을 위한 투자로 진행하는 경우가 많은데 장기적인 투자를 진행하기 위해서는 현실적인 수익 창출 부분도 무시할 수 없다. 그렇기 때문에 브랜드의 장기적인 성장과 단기적인 이익의 균형을 맞추기 위해 노력 중이다.

"압투스"는 제품 카테고리 특성상 유지 보수 및 재구매를 필요로 하는 제품군이 적어 고객들의 평판과 인지도를 구축해 반복적으로 "압투스"를 찾는 충성 고객을 늘려야 한다. 기존 제품 구매에 만족한 고객이 본인에게 필요한 다른 물건을 구매해야 할 때 "압투스"라는 브랜드 이미지를 떠올리고 "압투스"의 감성이 담긴 물건을 찾도록 하는 것이 내 최종 목표다.

"압투스"의 좋은 제품과 서비스 경험을 통해 "압투스"라는 브랜드의 이미지가 긍정적으로 인식되고 고객이 자신의 친구와 가족에게도 적극적으로 구매를 권유할 수 있는 그런 브랜드가 되고 싶다.

언택트 소비 시대

온라인 쇼핑몰 시장은 늘 레드오션이다. 15년 전에도 그랬다.

당시 TV에는 성공한 쇼핑몰 대표들을 주제로 많은 프로그램들이 방영되고 있었고 인터넷에는 "하루에도 수백 개의 쇼핑몰이 생겨나고 사라진다."라는 내용의 기사가 나오곤 했다.

하지만 체감상 느껴지는 쇼핑몰 창업의 붐은 최근인 듯하다. 신사임당과 같은 교육 유튜버들이 늘어나면서 일반인들의 온라인 쇼핑몰 창업이 늘어난 것인데 평범한 직장인들이 부업으로 시작하거나 퇴사한 직장인들의 첫 관문이 되는 경우도 많다.

낮은 진입 장벽으로 인해 경쟁자들이 계속 늘고 있으나 올해보다는 작년이, 작년보다는 재작년이 온라인 쇼핑몰을 창업하기 더 좋은 시기였을 것이다. 매년 새로운 경쟁자들은 더욱 늘어나고 있고 앞으로도 그럴 것이기 때문이다.

온라인 시장은 늘 성장세다. 대면으로 이루어지는 비즈니스 사업은 점점 쇠퇴하고 있고 디지털 플랫폼을 통한 비대면 비즈니스가 대세다. 최근에는 라이브 커머스와 같은 새로운 전자상거래 방식이 생겨나면서 양방향 소통이 가능한 온라인 거래 방식도 생겨났다. 라이브 커머스 플랫폼을 통해 판매자나 쇼호스트와 실시간으로 소통하면서 제품을 구매하는 것인데 기존 오프라인 소비에서만 가능했던 양방향 소통이 이제는 온라인에서도 가능하게 된 것이다.

코로나19로 인한 비대면 경제 활성화로 쇼핑은 물론 교육, 진료, 근무까지 모두 온라인을 통해 이루어지고 있고 비대면의 일상화로 인터넷을 사용하지 않고서는 경제활동조차 어려워졌다.

특히 쇼핑의 경우 온라인을 이용하는 것이 훨씬 저렴하고 편리한데 오프라인에서 물건을 구매하는 것보다 온라인을 통해 물건을 구매하는 것이 저렴하다는 것은 누구나 알고 있는 사실이다. 그래서 똑똑한 소비자들은 더 많이 찾아보고 더 많이 비교해 보며 비대면 소비 문화를 알차게 이용한다.

다양한 고객층을 확보할 수 있고, 가장 많은 고객들에게 제품을 노출시킬 수 있는 온라인 유통 시장은 그 어떤 판매 채널보다 매력적인 판로다. 온라인 창업 물살의 속도가 빨라지는 만큼 온라인 소비 시장 역시 커지고 있기 때문에 이커머스 시장은 계속해서 발전할 것이다. 여전히 레드오션이긴 하지만 새로운 기회와 소비계층은 계속해서 생겨난다.

최근 이커머스 시장의 새로운 블루칩은 5060세대다. 오프라인 소비를 주로 하던 5060세대가 온라인 시장으로 넘어오면서 새로운 소비 주체가 된 것인데 2030세대 보다 금전적으로 여유가 있는 5060세대의 실질구매력은 훨씬 크다.

경제력을 바탕으로 전 세대에 걸쳐 가장 많은 소비와 지출을 하는

5060세대는 온라인 시장의 새로운 "큰손" 고객으로 부상 중이다.

이렇듯 전 연령대를 아울러 비대면 쇼핑에 대한 의존도가 높아지면서 온라인 판매 시장은 나날이 발전하고 있다. 낮은 진입장벽으로 과다 경쟁이 이루어지고 있긴 하지만 치열한 경쟁만큼이나 큰 성공의 기회를 얻을 수 있는 곳 역시 온라인 판매 시장이다.

2000년대 초반부터 지금까지 늘 포화상태였지만 그럼에도 불구하고 누군가는 항상 크게 성공했다. 레드오션 시장은 바꾸어 생각하면 그만큼 수요가 확실한 시장이기도 하기 때문이다. 결국에는 큰 시장에 뛰어 들어야 크게 성공할 수 있다.

생각보다 먼저 행동하라

나는 생각과 걱정이 많은 성격이다. 어떤 일을 결정하기에 앞서 여러 리스크와 최악의 상황을 늘 생각한다. 이런 성향 탓에 무언가를 선택하는 데 남들보다 많은 시간이 걸린다. 하지만 사회생활을 하면서, 그리고 사업을 하면서 느낀 것은 생각만 해서는 결국 아무것도 이루어지지 않는다는 것이다.

모든 사람이 수익의 자동화, N잡러, 디지털 노마드의 삶을 꿈꾼다. 하지만 실행에 옮기기에는 너무 많은 리스크가 있어 망설여지는 게 현실이다. 나 역시도 30살에 안정적인 직장을 그만두고 사업을 시작하기까지 많은 고민이 있었다. 직장인들은 공감하겠지만 그냥 오늘 하루만 잘 넘기면 또 내일이 오고 가슴속에 사직서를 품고 있다가도 그냥 지나간 오늘 하루에 순응하면 또 익숙했던 내일이 온다.

무언가에 도전하려면 안정적이고 익숙한 현재의 삶을 내 손으로 직접 버려야 하고, 보장되지 않은 불확실한 미래를 맞이해야 한다는 점에서 큰 용기가 필요하다.

그렇다고 현재에 순응하고 머물기만 한다면 늘 다른 이를 부러워하며 살아야 한다. 더 좋은 직장으로 이직한 동기, 혹은 퇴사 후 자기 사업을 시작한 전 직장 동료 등을 보며 자책하거나 부러워하는 삶 말이다. 물론 누군가를 동경하지 않는 사람은 그냥 안정적인 삶을 택하면 된다. 성향에 따라 안정적인 것을 더 좋아하는 사람도 있으니까. 하지만 그렇지 않다면 무엇이든 직접 도전해 봐야 한다고 생각한다. 그리고 어차피 해 볼 도전이면 한 살이라도 어릴 때 해보는 게 좋지 않을까?

그래야 무너져도 다시 일어나기 수월할 테니까. 그리고 실패한다 해도 분명 그 실패의 경험치는 삶에 큰 동력으로 작용할 것이다. 나는 16살 때 시작했던 노점 의류 장사가 내 삶에 많은 부분을 차지했는데 취업을 하던, 사업을 하던 당시의 경험은 큰 자산이 되었다.

나는 지금 불과 1년 전 내 모습과 비교해 너무 많은 것이 달라졌다고 생각한다. 지금의 나는 남들보다 조금은 더 행복한 삶을 살고 있다. 내가 꿈꾸던 삶의 주인이 되었고 노트북 하나만 있으면 전 세계 어디에서든 일하며 살 수 있는 디지털 노마드가 되었다.

물론 장점만큼 단점도 크다. 내 생에서 본 적 없는 가장 큰 금액의 은행 대출이 생겼고 언제 망할지 모른다는 불안감도 있다. 하지만 너무 신중한 탓에 지금까지 사업을 고민만 하고 있었다면 나는 지금의 행복을 알지 못하고 현재의 미래도 꿈꿀 수 없었을 것이다.

앞으로의 내 꿈은 업무의 자동화와 기업화다. 내가 일하지 않아도 돌아갈 수 있는 업무 시스템을 만들고 장사꾼이 아닌 기업가가 되는 것이 꿈이다. 그렇게 되면 또 다른 무언가에 다시 한번 도전할 수 있는 기회가 생길 것이라 생각한다.

일단은 뭐든 실행해 보자. 안되면 말고 되면 좋은 거다. 안 해보고 후회하느니 해보고 후회하는 것이 낫다. 나 같은 무학력, 무스펙의 사람도 무언가 계속 도전하다 보니 직장도, 사업도 순탄할 수 있었다. 내 스스로 한계를 두었다면 내가 할 수 있는 일은 사실 서비스직 정도에 그쳤을 것이다. 그러니 스스로 한계를 두지 말고 무엇이든 도전해 보길 바란다. 우리는 치열한 경쟁에서 유일하게 승리하고 태어난 우월한 존재였음을 잊지 말자.

○ 브랜드 제조유통기업 [유니드코퍼레이션] 대표
○ 온라인 판매대행서비스 [마이몰업] 운영
○ 바이럴마케팅 전문서비스 [오르다] 운영
○ 투자법인 [라이즈에이블] 이사
○ 프랜차이즈 [삼원칼국수] 이사
○ [부산청년CEO협회] 사무차장
○ 네이버 인물검색: 이여명 대표
○ 이력사항
   2018년 부산광역시 대표 창업기업 [밀리언클럽 인증사]
   2020년 올해를 빛낸 브랜드 대상 수상 [화장품(향수) 부문]
   2021년 자랑스런 한국인 대상 수상 [글로벌품질경영인 부문]
   2022년 한국여성연맹 소비자 대상 수상 [코스메틱 브랜드 부문]
   2023년 대한민국 베스트브랜드 대상 수상 [코스메틱 브랜드 부문]
○ 자격증 보유
   SNS마케팅전문가 1급, 광고기획전문가 1급, 검색광고마케터 1급,
   쇼핑몰관리사 1급, 창업상권분석지도사 1급 외 다수 자격증 보유

이메일 duaud203@naver.com
블로그 https://blog.naver.com/duaud203
연락처 010-5188-1219

이여명

11

신불자였던 내가 7년 만에 연매출 20억 CEO가 된 결정적인 이유

사업을 시작하겠다면 끊임없이 배우겠다 선언하라

  20살, 자퇴를 결정한 한 대학생이 시작한 사업은 30살이 끝나던 때에 결국은 10억이라는 큰 빚을 지고 끝이 나게 된다.

  그 후 7년, 현재는 모든 빚을 정리하고 연매출 20억의 다양한 비즈니스를 운영하고 있으며 최근 건물 매입을 협의 중 인 곧물주로 더 큰 성장을 꿈꾸며 살고 있다.

  이 이야기는 1000개의 브랜드를 성장시킨 마케터에서 5개의 브랜드를 실패하고, 9개의 브랜드를 성공시키려는 사업가 과거집착형 인간에서 현재진행형 인간으로 진화중인 2006년부터 현재까지 살아남은 2023년 사업가의 이야기이다.

신불자였던 내가 7년 만에 연매출 20억 CEO가 된 결정적인 이유

나는 특별해지고 싶었다

나는 학창시절, 운동과 음악을 좋아하는 소년이었다. 다양한 체육대회와 가요제에 참가해 상을 받기도 했고 서울의 유명한 기획사의 오디션을 다니기도 하는 등 어리지만 목표와 꿈이 있는 설레는 삶을 살던 소년이었다. 하지만 그동안 쌓여온 우여곡절의 피로를 이기지는 못했고 성적이 되었음에도 예술대학을 포기하고 새로운 길을 찾아 전혀 다른 전공으로 진학을 결정했다.

새로운 배움은 쉽지 않았고, 금새 흥미를 잃었다. 그때부터 나는 대학 1학년생답게 신나게 놀고먹기 시작했다. 운동 잘하는 가수지망생 이었던 나는 주변에서 꽤 특별취급을 받았지만 현실적으로는 발전 없이 매일 한량처럼 놀고먹는 평범한 1학년생일 뿐이었다.

가끔 놀던 고등학생에서 매일 노는 대학생이 되었더니 늘 용돈이 부족했다. 공부할 생각은 안하고 단지 돈을 위해 알바를 찾기 시작했다. 그런데 알바를 하면 놀 시간이 부족하지 않은가? 이런 나사 빠진 뇌구조로 지내던 때에 한 가지 방법을 접하게 되고, 다행히도 그것은 나의 뇌에 딱 맞는 나사였다. 나사의 이름은 바로 사업이었다.

그렇게 18년간의 스토리가 있는 나의 사업 이야기가 시작된다.

바로 2006년 대학교 1학년 때, 용돈이 필요해 중고 판매를 하던 것이 그 시작이었다.

당시는 노스페이스 가방이나 패딩이 아주 유명했고. 그 외 나이키 아디다스 퓨마 리바이스 같은 유명 브랜드까지 바야흐로 스포츠 브랜드 전성시대였으며, 더불어 등골브레이커 라는 말이 처음 등장했던 시기였기도 했다.

요즘은 중고나라, 당근마켓, 번개장터 등 다양한 플랫폼이 많고 사람들의 활용도가 높지만 당시에는 인터넷을 잘 활용하는 사람조차 흔하지 않았다.

내 첫 판매처는 옥션이었다. 옥션이 현재는 일반 오픈마켓이지만 그때는 옥션(경매) 라는 이름에 걸맞게 1000원 경매라는 시스템이 존재했다. 경매로 물건을 올리면 기간 내 가장 높은 금액을 낙찰하여 판매가 진행되었다.

　내가 가지고 있던 브랜드 제품이나 주변 친구나 지인들에게서 물건을 저렴하게 매입했고 경매로 물건을 팔았다. 사고 팔기가 반복되고 당시 매월 수십 만원이 항상 지갑에 채워졌다. 수익성이 확인되자. 갑자기 두근거리기 시작했다. 다시 무엇인가를 흥미를 가지고 열심히 해내고 있는 나의 모습에 스스로 반응한 것 일지도 모르겠다. 나는 당장 이것을 사업화 해보고 싶었다.

　고심 끝에 대학에 자퇴서를 내고 아버지께 사업계획서를 제출하여 30만 원을 지원받았다. 곧 이어 시장조사를 마치고 코디마켓이라는 업체를 창업했고 남포동 구제 골목을 돌며 리바이스 구제 청바지를 사들였다. 사진을 찍고, 상세페이지를 만들고, 카페24로 쇼핑몰도 만들고, 당시 모든 오픈마켓에 입점하여 온라인 판매와 경매를 진행했다.

넘쳐나는 행운이었다

　얼짱이라는 것을 아는가? 그때는 얼짱들이 유명했고 현재 인플루언서 쯤의 위치였다. 그중 반윤희 라는 유명인이 리바이스 구제 청바지를 유행시켰고 리바이스뿐만 아니라 모든 구제 청바지 제품이 불티나게 팔리기 시작했고, 우리 쇼핑몰도 예외 없이 성공해 큰돈을 벌게 되었다.

하지만 너무나 유행이고 대박이라 사두면 팔리니 매입 전쟁이 벌어졌다. 자본이 큰 사람들이 대거 참여하게 되면서 매입에 어려움이 생겼고, 그 후 리폼 시장으로 변화하면서 나는 구제 청바지 매입을 그만두고 다른 아이템을 물색했다.

계절상품, 인기상품, 월드컵 제품 등등 참 다양한 제품을 취급하며 판매했다. 아직도 기억나는 당시의 대박템은 아무래도 뚱뚱하고 무거운 디카밖에 없던 시절이었는데 중국에서 수입해 판매한 게 대박이 났던 5mm 초슬림 디카가 있었고 2006년 월드컵기간이라 나이키 축구화, 피버노바 축구공 등도 인기가 많았다.

30만원으로 창업한지 6개월 만에 통장에 3천만원이 모이게 되었다. 재고까지 합치면 4천만원 정도의 자산이었고 100배 이상의 자산 늘리기에 성공한 셈이었다. 주변인들의 깜짝 놀라는 반응과 칭찬과 부러움의 말들은 내 기분을 더욱 고조시켰다.

들뜬 나는 곧이어 더 큰 도전을 준비했다. 병행수입을 진행했고 해당 제품은 나이키의 유명 패딩으로 대박이 보장된 제품이었다. 역시였다. 대박이 났다. 89,000원이 299,000원으로 변하는 그때의 쾌감은 아직도 잊을 수가 없다.

1차 물량이 완판 되었고 쏟아지는 주문에 확신을 가지고 30평 창고를 구했다. 그곳이 꽉 찰 만큼 대량으로 수입했고 더 이상 혼자서 발송할 만한 물량이 아니었기에 직원을 모집하기 시작했다. 모든 것이 완벽하게 흘러가고 있는 상황이었고 변수는 없었다. 나의 예측 안에서는 말이다.

    비 내리는 새벽 출근길, 얘기치 못한 교통사고를 겪었고, 나는 온몸에 피를 뒤집어 쓴 채 응급실에서 눈을 뜨게 되었다. 수술은 몇 차례나 반복되었고 1년이 좀 더 지난 후에야 퇴원을 할 수 있었다. 퇴원 후에도 제대로 걷기는 힘들었으며 재활치료가 이어져야 했다.

    22살 여름이 다가오고 있었고 나는 창고로 향했다. 업무를 1년 동안 제대로 하지 못했으니 사실상 쇼핑몰은 신뢰를 잃고 망한 상태였고, 결국은 재고를 털고 사업자를 폐업하기로 했다. 창고의 제품은 덤핑 처리해버렸는데, 원가 이하로 넘긴 수량이 상당해 손해가 아주 컸다. 모든 것을 정리하고 아무것도 남지 않은 시간이 찾아오게 되었다. 내가 할 수 있는 일은 아무것도 없다고 느껴졌다. 사고로 부모님 가슴에 대못을 박고, 몸도 많이 상하고, 사업은 망했고, 체중은 50kg가 불어나 자존감이 바닥을 쳤다. 친구들 또한 모두 군대에 가 있는 시기였다. 나는 특별함이 끝났다는 실패의 실망감과 더불어 몹시도 외로운 시간을 보내게 된다.

도망쳐 도착한 곳에 낙원은 없다

　퇴원 후, 3개월은 불 꺼진 내 방 안에서 거의 나오지 않았고, 재활도 아프고 힘들다는 이유로 미루었다. 하루 종일 잠을 잔다거나 인터넷을 뒤지거나만 하는 등 히키코모리처럼 철저하다시피 작은 내 방 안에서 숨어 지냈고 방문은 대부분 잠겨있기 일쑤였다.

　피폐한 날들이 이어지던 중 남동생이 다른 학우와 싸워 다쳤다는 소식을 듣게 되었고 무의식적으로 당장에 방을 나섰다. 동생을 지키기 위해 절뚝거리며 찾아간 학교에서 그 친구를 찾아 혼을 내주었고 교무실의 선생님들이 모두 달려들어 뜯어말렸을 만큼 분노를 표출했다.

　사건이 마무리되고 긴장이 풀리고 나니 그냥 뭔가 후련해져 버렸다. 아마도 나는 자신에게 쌓인 분노까지 그날 쏟아냈던 것이라는 생각이 든다. 그리고 더 이상 이전의 생활은 반복하고 싶지 않았고, 미뤄뒀던 재활치료를 제대로 시작했다.

　재활을 열심히 다닌 덕분에 걸음이 조금씩 편해지기 시작했고 우선은 돈을 벌어야 한다는 생각으로 일을 하기 시작했다. 유흥업소부터 휴대폰매장, 카드사영업까지 나를 받아주는 곳이면 어디든지 열심히 다양한 일을 겪어나갔다.

그러던 중 전역한 친구들이 동업을 제안했고 함께 의류 쇼핑몰을 창업했다. 친구들은 나의 능력을 믿었던 것 같다. 하지만 2009년과 2006년은 많이 달랐다. 쇼핑몰 전성시대였다. 관련해서 사기피해도 많았고, 판매자가 많아지니 제품과 서비스의 질이 많이 올라가 있었다. 광고도 필수였다. 예전처럼 올리면 다 팔리는 시대가 아니었다.

노력했지만 큰 성과는 보기 어려웠고 3명에서 나누기에는 수익이 크지 않아 결국 폐업을 결정했다. 사무실 계약일이 남아 혼자 남아있게 되었는데 그때 숙식을 하며 왜 실패했는지에 대한 분석과 추후를 위해 당시에는 노가다마케팅이라고 불리던 현재의 바이럴마케팅을 공부하는 시간을 가지게 되었다.

그리고 어머니의 지인분이 운영하는 아웃도어갤러리 라는 곳에 취직을 하게 되었는데 이곳은 300평의 큰 매장에서 아웃도어, 등산 용품 장비를 판매하는 곳이었다.

온라인 매출은 사장님이 직접 운영하는 다음카페에서 월 100만원 정도의 소소한 수익이 전부였는데, 나는 경험을 살려 오픈마켓과 쇼핑몰 판매를 제안드렸고 총괄을 맡아 직원도 채용해가며 3개월 만에 월매출 5억이라는 큰 성과를 일으켰다. 물론 자본이 충분하고 아이템도 좋아서 나온 결과임은 분명했지만 온라인 판매에 대한 자신감을 되찾기에는 충분했다.

　미뤘던 군대를 다녀오고 이제는 연매출 100억이 다되어가는 전 회사에 재취직하여 일을 다시 배우고 나와 2012년 10월, 현재까지 운영 중 인 유니드닷컴 (현, 유니드코퍼레이션)을 창업했다.

　유니드닷컴은 바이럴마케팅 전문기업으로 나의 온라인광고 능력을 최대로 펼칠 수 있었다.

　마케팅협회에서 주관한 공모전에서 최우수상을 수상하기도 하고, 그 인연으로 유명한 부동산 어플의 온라인광고를 단독 진행하기도 했다. 부산시와 상공회의소가 주관한 소상공인홍보판매관의 총 책임자를 맡기도 하고, 2018년에는 부산광역시 대표 창업기업으로 선정되어 밀리언클럽 인증서를 받기도 했다. 당시 주 업무는 네이버 블로그, 카페, 지식인 등을 활용한 바이럴 마케팅 이었다. 1000여곳의 소형, 대형 광고주 분들과 소통하며 바이럴 광고를 진행했다.

　그러기를 5년이라는 시간이 흘렀고, 사업은 안정기를 맞이했다. 그와는 반대로 나는 업무에 매너리즘이 들기 시작했다. 반복되는 일상이 단순히 지겨웠을지도 모르겠다.나는 기존 업무는 직원에게 맡겨둔 채 숙박업, 요식업 사업에 관심을 두고 운영을 해나가기 시작했고, 초기에는 숙박업 20여개 지점과 요식업 7지점의 매출이 각각 수억에 달했다. 투자자들 또한 넘쳐났고 어느덧 직원 수가 40명이 넘어

가고 있었다.

부담은 늘었지만, 매출과 순수익은 그것들을 모두 잊게 할 만큼 치솟고 있었다. 속으로는 벌써 재벌이라도 된 듯이 한껏 들 떠오른 30대의 시작이었다. 하지만 사업이란 것이 언제나 그렇듯 내 생각대로만 운영되진 않았다. 내가 아무리 열심히 해도 외부의 영향과 원인으로 큰 시련이 오기도 했다. 나는 게스트하우스 제휴와 오피스텔 위주의 에어비앤비 운영으로 숙박업을 운영하고 있었고, 갑자기 그 운영방식이 불법이라는 대법원의 판결이 나왔다. 그 후 원활한 운영이 어려워졌고 다른 사업들까지 여파가 미쳤다.

딱 1년이었다. 초심을 잃고 딴짓하던 내가 망하기까지 걸렸던 시간이 말이다. 빚은 10억이었고, 가진 것으로 모두 정리해도 3억 5천만 원이 남아있는 상황이었다. 나는 30살 월 순익 3천만 원의 사업가에서 단숨에 31살 신용불량자가 되었다.

잠시 넋이 나갔었지만 이내 정신을 똑바로 차리고 호랑이굴에서 벗어날 계획을 세웠다.

대부분이 개인투자자의 비용이었고 주변에서 파산이나 회생을 권유 받았지만, 잘못을 회피하고 싶지 않았다. 도망친 곳에 절대 낙원은 존재하지 않는다는 것을 앞서 경험했기 때문이었다. 나는 모두를 각각 만나서 무릎을 꿇는 것도 당연히 서슴치 않았고, 용서와 양해를 구하고 변제계획을 세워 법원 앞에서 공증을 쓰고 재기를 목표하고 행동을 시작했다.

　단순히 일을 해서는 갚을 수 없는 금액이기에 나는 사업을 이어 갔다. 온라인에서 할 수 있는 것은 다했다. 그 중 빛을 본 2가지의 사업이 있었다. 코스메틱 총판 판매와 프랜차이즈 가맹점 모집 마케팅 대행이었다. 프랜차이즈 브랜드 10개의 마케팅 대행을 맡아 총 200개 이상의 가맹점 모집을 성공시켰고 코스메틱 총판은 마진은 적었지만 월 매출은 항상 수천만원대로 수익성이 좋았다.

　매월 버는대로 족족 갚아냈다. 500만원을 벌면 250만원을 빌려서라도 갚았다. 밥을 거의 먹지 않았고 잠도 일요일에 몰아서 잤다. 수익이 조금 남으면 운동을 다니거나 도와준 친구들에게 술과 밥을 사거나 돈이 필요할 경우 지원해주었다. 매월 750만원 이상을 갚아가며 3년10개월이란 시간이 지나갔고 2020년 11월, 드디어 모든 채무를 변제하고 공증된 각서들을 소각할 수 있었다. 수많은 도전과 실수, 성공과 실패, 그리고 극복의 경험까지 모든 것은 결국 도망치지 않았기에 내 것이 될 수 있었던 것들이었다.

뷰티, 프랜차이즈 마케팅 전문기업 유니드코퍼레이션

　유니드코퍼레이션의 주 사업 분야는 프랜차이즈 가맹점 모집 마케팅과 코스메틱 제조 및 유통이다. 그 동안 남의 것을 홍보하고 팔아주는 일만 해오다보니 자연스럽게 내 브랜드에 눈을 돌리게 되었던 것 같다.

수많은 성공과 실패 사례들을 현장에서 직접 겪어왔기 때문에 더욱 철저한 준비를 통해 2020년 11월 첫 브랜드 제품 [날엔퍼퓸]을 출시했다. 퍼퓸 등급의 진한 향의 니치향수로 선호도가 높은 코튼향과 오드우드향이 있는 코스메틱 퍼퓸 브랜드이다.

1030세대를 타켓으로한 SNS광고는 효과적이었으며, 브랜드 런칭 1달만에 전량 품절되었고 그해 올해를 빛낸 브랜드 화장품(향수) 부문 대상을 수상했다.

[날엔퍼퓸]을 시작으로 시카 기초화장품 브랜드 [리터네코], 무궁화 물든 동백 톤업크림 브랜드 [아이쁨], 친환경 멀티밤 브랜드 [립빠미], 프리미엄 고체향수 브랜드 [스치듯], [엣즈], 프랑스 오드퍼퓸 브랜드 [매드라운드], [플라리떼], 특허성분 BSASM 함유 알로에젤, 클렌징폼 브랜드 [오직청춘] 까지 현재까지 총 9개의 코스메틱 브랜드를 운영하고 있다.

프랜차이즈 회사 국민밥상의 브랜드 [삼원칼국수]를 설립하여 마케팅 이사로서 운영을 하고 있다. 가맹사업을 시작한지 5개월만에 현재 10호점까지 계약 완료되었고 오픈준비에 들어갈 예정이다. 그 외 2021년 글로벌품질경영인 대상, 2022년 소비자대상, 2023년 베스트브랜드 코스메틱 부문 대상 등을 수상하고 성장 중인 회사이다.

고객의 결핍을 해결하고 성장을 이끌어낸다

유니드코퍼레이션의 브랜드가 공통적으로 추구하는 바는 고객의 결핍을 해소하는 것이다.

우리의 고객과 세일즈에는 특수성이 있다. 필수품이 아니고 대체재가 많으며 구입을 희망하는 고객이 우리를 먼저 찾아온다는 것이다.

피부와 미용을 목적으로 결핍이 생긴 고객에게 주름개선, 트러블개선, 건조피부의 보습, 민감한 피부의 진정, 예민한 임산부나 아기들에게는 안심하고 사용가능한 친환경 성분 제품을 권하고, 사용한 간편하고 유니크한 향수까지 본인을 가꾸는데 용이하고 피부별, 상황별로 다양한 결핍을 해소하는 제품들을 선보이고 있다.

합리적인 비용으로 납득할 만한 가맹점 모집을 원하는 프랜차이즈 가맹점 모집 마케팅 분야에서는 다양한 광고매체를 통한 목표 설정값이 확실한 광고만을 제안하고 그들의 가성비와 가심비에 충분한 만족을 드리는 편이다. 10개의 프랜차이즈 브랜드의 200개 이상의 가맹점 모집해온 것. 말은 쉽지만 현실은 무척 어려운 일이다. 그것을 해낸 것에 늘 자부심을 가지고 일하고 있다.

하지만 이제 대행 분야는 더 이상 진행하지 않는다. 좋은 파트너들을 만나 삼원칼국수 라는 프랜차이즈 브랜드를 설립하고 일원으로써 가맹점 모집 마케팅을 진행하고 있기 때문이다. 나는 우리 삼원칼국수가 최단 기간 내 전국 11,000여개의 프랜차이즈 브랜드 중 상위1%에 들어가리라 믿고 있으며, 반드시 해낼 것이다.

나만의 브랜드로 서행 차선에서 벗어나라

첫 사업자로부터 계산을 한다면 나는 올해 18년 차 사업가이다. 나는 그 시간 동안 누군가의 사업을 키워주는 일을 해왔다. 유통 판매를 할 때 에도 남이 만든 제품을 대신 팔아주는 역할이었으며 마케팅을 할 때에도 남이 만든 브랜드를 대신 홍보해주는 역할이었다.

이후 모든 문제를 정리하고 새롭게 진행한 사업은 나만의 브랜드 제품을 만들어서 시작했다. 만약 처음부터 브랜드를 만들어 제품을 판매하는 것이 이렇게 손이 많이 가는 작업인 줄 알았다면 시작을 못했을 수도 있다. 하지만 결과를 놓고 보면 정말 잘한 선택이었다.

브랜드를 만들자, 나는 온라인 비즈니스의 서행 차선을 벗어나 단숨에 추월차선으로 올라탈 수 있었다. 나만의 브랜드가 있음으로써 온라인 유통시장이라는 큰 틀에 정확한 나만의 시장이 형성되었기 때문이다. 바로 그것이 브랜드가 주는 힘이었다.

수많은 유통인들 과의 관계가 새로워졌으며 완전히 새로운 세계가 펼쳐졌다. 단순 판매량을 늘리기 위함이 아니라, 수년, 수십 년간의 이미지를 구축해가며 수익성을 만들어 내는 일을 하게 되는 것이다. 무한한 확장성은 덤이다.

모든 사람에게 처음부터 자신만의 브랜드를 만들어 판매를 하라고 권하진 않는다. 사람마다 추천하는 게 다르며 위탁판매나 구매대행부터 시작하여 다른 사람 물건으로 판매경험을 쌓아 갈 수도 있을 것이다.

사업을 하며 살아가게 된다면 셀 수도 없이 많은 시련들이 당신 곁에 모여들 것이다. 어쩌면 상상을 초월하는 고통을 마주할지도 모른다.

나 또한 크고 작은 실패들을 맞이하며 지내왔으며 작은 실패는 동기부여와 충분한 기합 정도면 극복이 가능했다. 하지만 두 번의 큰 실패는 그 정도로는 어림도 없었다. 한동안은 실패의 충격으로 정신적으로 많이 힘들고 흔히 말하는 멘탈이 무너져버려 폐인처럼 숨어 지내기도 했다.

다행히도 나는 그런 순간들을 버티고 이겨내어 현재에 도착했다. 돌이켜보면 매번 나를 다시 일으킨 힘은 뻔한 말처럼 들리지도 모르지만 바로 주변의 사람들이었다. 특히 가족들의 응원과 친구들의 격려가 있었기에 가능했다. 그들은 말라가던 나에게 다시 살아갈 힘과 용기가 되어주었다. 언제나 다시 일어날 힘은 나 자신을 비롯한 사랑하는 사람들에게서 온다는 것을 잊지 않는다면 당신도 어느덧 위기를 극복한 베테랑 사업가가 되어있으리라 믿어 의심치 않는다.

끝으로, 나의 글에서 단 3줄만 기억해 주었으면 한다.
"사업에 역경은 기본 값이다."
"사업을 시작하겠다면 끊임없이 배우겠다고 선언하라"
"반드시 나만의 브랜드로 시스템을 만들어라."

부족한 점이 많지만 거짓 없이 최대한 있는 그대로를 전달하기 위해 노력했다. 필요한 사람에게 꼭 이 책이 전달되어 역경에 부딪히고 있는 도전자들에게 한 줄의 지혜나 격려가 될 수 있기를 희망한다.

- 그림책오색발전소 대표
- 오색그림책방운영
- 한국미래평생교육원 대표
- 그림책심리성장연구소 경기1지부장
- 한국작가협회 포천지부장
- 윤슬그림책 출판사 대표
- 유튜브 검색: 그림책이은미 검색
- 네이버 인물: 그림책코치 이은미 검색

이메일   mi2241@naver.com
블로그   https://blog.naver.com/mi2241
연락처   010-3048-4897

이은미

12

교육의 길, 창업의 꿈을 이룬
그림책 브랜드의 성장 이야기

- 그림책으로 교육과 창업의 접점을 찾다 -

  그림책의 마법을 실감하며 사람의 마음을 따뜻하게 안아주는 길동무입니다. 25년에 걸친 교육 경력과 평생교육지도사 자격을 토대로, 그림책과 함께 배우고 가치 성장을 추구하고 있습니다.
  '그림책오색발전소'를 창업하여 책 만들기와 지도사 양성 프로그램을 통해 지속적인 연구와 자아존중감을 실현하고자 합니다.
  함께 그림책의 매력을 탐구하며, 마음을 품고 성장하는 여정을 나누어보세요.
  그림책의 매력과 함께, 교육과 창업의 열정이 만나 교육의 중요성과 변화에 대한 주제로 그림책의 힘과 감동을 경험하며, 마음을 어루만지는 순간 그림책을 통한 가치 성장과 지속적인 연구로 자아존중감을 찾았습니다.

교육의 길, 창업의 꿈을 이룬 그림책 브랜드의 성장 이야기

그림책을 통한 창업의 꿈을 꾸다

누구나 꿈꾸는 자유로운 삶과 여유로운 시간은 학창 시절을 지나 첫 사회생활을 시작하며 실현하고자 한다. 아름답고 화려한 20대는 '아프니까 청춘'이라는 말처럼 정체성의 혼란과 살아가는 현실에 어려움을 직면하게 한다. 그렇게 인생이라는 행복을 맛보기도 전에 결혼을 선택했고 IMF와 함께 큰아이가 태어났다. 다들 힘들다는 시기를 아이의 존재로 조금은 잊을 수 있었고 둘째아이가 태어나면서 모든 삶이 바뀌었다. IMF의 어려움에 대혈관 전의증이라는 심장기형으로 태어난 아이의 수술비와 병원비로 몇 년의 시간을 잔인하게 보내야 했다. 덕분에 아픈 아이를 큰아이에게 맡겨놓고 직장 생활을 시작했다. 아이들을 키우는 동안의 경제적 어려움을 해결하기 위해 학원 강사를 시작으로 학습지 교사의 길을 걷기 시작했다.

그렇게 시작한 생활고와 마주한 어려움과 희생이 창업의 첫걸음으로 이끈 동기 중 하나가 되었다. 결혼 후 첫째 아이를 낳고 둘째 아이를 키우는 동안, 가정의 안정성을 유지하려고 많은 희생을 했다. 그러는 동안 나의 존재의 가치는 사라지고 나를 잃어 갈 때쯤 그림책이라는 콘텐츠가 그 희생의 더 큰 목표를 향한 동기로 작용했다. 아이들을 위해 무엇이든 해주고 싶었고, 그들에게 교육적인 지원을 제공하고자 했다.

그러나 경제적으로는 어려운 시기를 겪었다. 이러한 어려움 속에서도 교육과 교육자로서의 열정을 잃지 않았고, 결국 이것이 창업 아이디어를 발전시키는 데 필요한 열쇠가 되었다. 그림책과의 만남은 우연한 것처럼 보이지만, 실제로는 운명적인 순간으로 다가왔다. 그림책을 통한 첫 만남은 아이들의 교육을 위한 자료를 찾던 중에 시작되었다. 아이들에게 미래를 위한 더 나은 교육을 제공하고자 노력하던 중, 그림책의 마법에 빠졌다. 사는 동안, 결혼을 하고 아이를 낳고 키우는 것은 많은 부모에게는 인생에서 가장 큰 행복 중 하나이다. 하지만 그 행복은 종종 희생과 어려움을 수반하곤 한다. 더하여 어린 시절의 꿈과 현실 사이에서 괴리감을 느끼며, 가족을 위해 여러 가지를 포기할 수밖에 없다.

그러나 이러한 희생과 어려움은 결국 더 큰 목표를 향한 원동력으로 작용한다. 또한 아이들의 꿈과 미래를 위해 노력하는 것이 가치 있는 일이라고 생각했다. 그래서 결국 그들을 위한 교육을 향한 열정이 창업의 시발점이 되었다.

처음 그림책을 만났을 때, 그 안에 담긴 이야기와 아름다운 그림들은 생각에 큰 영감을 주었고, 마음을 뒤 흔들어 놓기에 충분했다. 그림책은 아이들에게 지식과 가치를 전달하는 강력한 도구임을 깨달았고, 이를 통해 더 많은 아이들에게 접근할 방법을 고민하기 시작했다. 그림책과의 이 우연한 만남이 나중에 창업 아이디어로 이어지게 되었고, 그림책과의 만남은 우연한 것처럼 보이지만, 실제로는 운명처럼 내 옆자리에 동반자가 되었다. 교사로서 아이들에게 더 나은 교육을 제공하려는 열망은 항상 나를 움직였다. 그렇게 아이들을 위한 교육 자료를 찾던 중, 그림책의 매력에 빠졌다.

이렇게 희생과 어려움을 극복하며 나의 열정과 운명적인 만남이 함께 어우러져 창업의 길을 열었다. 아이들과 어른들을 위한 그림책을 통해 더 많은 이야기를 전하고, 교육의 가능성을 넓히며, 모든 학습자들의 미래를 밝게 비추는 것이 나의 비전이다.

그림책 컨텐츠 개발로 나아가는 첫걸음

 일을 하는 커리우먼으로 당당하고 멋진 엄마로 자리 잡아가고 있었지만 늘어가는 병원비와 불규칙한 직장 생활은 저하되는 체력의 한계를 느끼게 하였고 급속도로 변화하는 경제시장의 불안으로 수입 안정화가 되지 않았다. 평생교육사로 새로운 배움을 시작하면서 진로 변경이 되었고 강사로서의 개인 콘텐츠로 수익화 창출이 1인기업으로 가능하다는 것을 알게되었다.
 학원 강사로 일하며 경제적인 안정을 유지하려 노력했다. 하지만 동시에 그림책과의 만남으로부터 비롯된 창업 아이디어를 키워나가기 시작했다. 이러한 과정에서, 직장과 창업을 병행하며 그림책 콘텐츠 개발의 첫걸음을 시작으로 어려움을 극복하려 노력했다.

 그림책과의 우연한 만남은 그림책 콘텐츠 개발의 첫 걸음으로 이어졌다. 처음에는 아이들을 위한 교육 자료로 그림책을 활용하고자 했지만, 이후 그림책에 대한 열정이 더 커졌다. 그림책을 직접 만들었다. 그림을 그리는 것이 어렵지만 뿌듯하고 보람찬 작업이었다. 이를 통해 그림책 콘텐츠 개발의 첫걸음을 내딛게 되었고, 이것이 창업의 시작이었다. 그렇게 학습지 교사에서 그림책 작가로 전환하였다.

그리고 바로 사무실을 얻고 명함을 만들어 재능기부와 교육하고 있던 아이들 대상으로 그림책 만들기와 그림책테라피 수업을 시작하였다. 그렇게 학습과 심리를 연결하여 그림책 콘텐츠를 하나씩 만들어서 프로그램화시켰다.

학습지 교사로 일하면서 얻은 교육적인 경험은 그림책 작가로의 전환에 큰 도움이 되었다. 교육 분야에서의 노하우와 아이들의 교육 필요성을 이해하는 데 있어서 이 경험이 매우 중요했다. 또한, 학습지 교사로 일하면서 얻은 안정적인 수입은 창업 초기에 경제적인 부담을 덜어주었다. 크게는 그림책 만들기를 시작으로 그림책심리와 그림책에세이 공저 기획를 하고 작게는 그림책발문토론과 그림책인문학으로 성인들과 교직원 연수를 통해 지역뿐만 아니라 전국적으로 범위를 확장하게 되었다. 더하여 온라인 콘텐츠로 그림책심리지도사와 동화작가심리지도사 등 그림책분야의 강사양성도 진행하고 그림책과 책만들기로 작가양성에도 꾸준하게 활동하고 있다.

창업을 시작하면서 자신의 비전과 목표를 구체화하고 이를 실현할 수 있는 자유가 제공되었다. 직장에서의 제약과 규율에서 벗어나 자기 결정권을 행사할 수 있어서 좋았다.
어려웠던 창조적 표현을 나의 아이디어와 열정으로 표현하고 실제로 그것을 현실로 만들어내는 기회를 제공했다. 창업을 시작하고 창조적인 과정으로 자기 표현의 자유를 확장시켰다.

또한 지속적인 도전을 통해 개인적 및 직업적 성장을 촉진했다. 어려움을 극복하며 새로운 기술과 지식을 습득하게 되었다.

전업주부로 직장인으로 누군가의 어디에 소속되어 틀에 박혀 있었다면 창업의 첫 도전은 흥분과 두려움이 함께하는 순간이었다. 그리고 나 자신을 믿었다. 처음의 어려운 순간에 자신을 의심할 수 있지만, 이 일을 해내기 위해 충분히 자격이 있다고 생각했다. 실패는 배움의 기회이고 성공의 길에 있는 필수적인 부분이다. 실패를 겪을 때마다 그것을 배우고 성장하는 기회가 되었다.

창업의 도전은 지속적인 학습이다. 새로운 도전에 직면할 때마다 학습의 기회로 받아들이고 새로운 기술을 습득하고 스스로 계속 발전시켜 나갔다. 때론 도전에 대한 스트레스와 압박을 줄이기 위해 지원 체계를 구축했다. 친구, 가족, 멘토, 협업 파트너 등의 지원을 활용하고 비전과 목표도 설정했다. 명확한 비전과 목표를 설정하여 도전에 대한 방향성을 갖고, 이러한 목표는 나를 당당하게 이끌어 주었다.

창업은 새로운 시작이며, 나는 그 여정의 주인공이다. 도전과 어려움은 나를 강하게 만들고, 성공으로 나아가는 길에 있는 밑거름일 뿐이다. 지속적인 열정과 끈기를 가지고 전진하며, 나의 비전을 현실로 만들어 나가는 힘이되었다. 이런 경험들이 함께 어우러져 창업의 길을 열게 되었다. 직장에서의 안정과 경제적인 지원을 바탕으로, 그림책 작가로서의 열정과 꿈을 키우면서, 아이들을 위한 교육과 엔터테인먼트를 결합한 창업이 시작된 것이다.

직장과 창업 병행의 도전과 역경

여느 때처럼 아침에 직장으로 향했다. 다들 모두가 하루의 시작을 알차게 보내기 위해 바빴다. 그러나 아이들과 함께 보내는 시간은 급격하게 줄어들었다. 아이들은 학교에서, 나는 업무에서 보내는 시간이 대부분이었다. 이런 시간 부족은 부모로서의 마음 아픔을 안겨주었고 아픈 아이와 상처받은 아이를 돌보지 못하는 미안함에 주말마다 야외로 아이들과 함께 하는 시간을 만들었다. 그리고 아이들을 데리고 장거리 봉사활동을 하게 되었다. 그런 어려움을 겪던 중, 우연한 기회로 어린이도서연구회에서 책 읽어주기 봉사활동을 하게 되었다. 처음에는 시간을 내기 힘들었지만, 그 안에서 얻은 지원과 힘이 큰 도움이 되었다. 동료 봉사자들과의 협업을 통해 아이들에게 도움을 주는 일에 참여하면서, 부족한 부분을 보충하고자 노력했다.

그림책을 통해 아이들과 성인 학습자들에게 더 나은 교육을 제공하고자 하는 열망은 항상 나를 움직였다. 그러나 처음에는 변화하는 교육환경과 새로운 것에 대한 실패와 어려움이 절로 찾아왔다. 그림을 그리는 것부터 이야기를 쓰는 것까지 어려운 과정이었다. 많은 시행착오와 노력 끝에 완성된 그림책도 있었지만, 실패도 많았다. 실패에서 배운 것은 무엇보다 소중한 경험이었다. 실패를 통해 더 나은 그림책을 만들기 위해 어떻게 노력해야 하는지 배우고, 지속적으로 개선하려는 의지를 키웠다. 실패는 새로운 아이디어와 접근 방법을 찾도록 도와주었고, 마음속에 있는 열정을 더욱 불태웠다.

이런 경험을 통해, 학습자들과의 소중한 시간을 더 활용하고, 어려움을 극복하며 지원 받는 법을 배웠다. 학습자들과의 더 많은 순간을 만들어내고자 하는 욕구가 창업의 원동력이 되었다. 어떤 어려움도 열정과 지원, 배움의 기회로 바꿀 수 있다는 것을 깨닫게 되었고, 이제는 그림책을 통해 더 많은 아이들과 성인 학습자들에게 꿈과 지식을 통한 마음 챙김을 전해주고자 노력하고 있다.

그런 나에게 새로운 위기가 왔다. 약 2년간의 다양한 노력으로 어느 정도 자리를 잡아가는가 싶더니 코로나라는 큰 재앙이 덮쳤다. 딱 자리 잡고 알려지기 시작할 때라 공들여 쌓아 올린 탑이 무너지는 순간이었다. 학습지 시장도 마찬가지였다. 대면이 어려워지면서 방문학습이 중단되어야 하는 때에 '구르미'라는 줌 기능 교육을 받게 되었고 줌 강의를 할 수 있게 되었다. 오프라인 강의들을 줌으로 변경하여 진행하고 나의 콘텐츠를 온라인 시장으로 옮겨와서 진행하였다. 잠시 잠깐의 혼란과 어려움을 또 다른 시작을 할 수 있도록 도와주었고 주저하고 고민하기 전에 용기 내어 도전한 경험들은 월 천이라는 수입과 작가라는 티이틀을 안겨 주었다.

그림책 컨텐츠 개발에서의 함께 배우고 나누며 성장하는 곳

그림책은 어린이들뿐만 아니라 어른들에게도 큰 세계로의 문을 열어주는 매력적인 창으로 작용했다. 그림책의 다양한 주제와 이야기는 우리 삶의 서사가 되고 인생을 향유할 수 있는 즐거움과 에너지를 준다. 그림과 이야기가 어우러진 그림책은 모든 사람의 상상력과 호기심을 자극하며, 더 나아가 교육적인 가치를 전달한다. 그림책 만들기 동화나 이야기를 창작하고 쓰는 데 전문적인 역량을 갖추고 있다. 이러한 작가 경험을 통해 학습자들에게 맞춤형 동화 이야기를 제작할 수 있다.

동화 작가는 창의성과 상상력을 길러왔으며, 이러한 능력을 활용하여 학습자들에게 흥미로운 이야기를 전달할 수 있다. 이야기를 효과적으로 전달하고 학습자들의 호기심과 상상력을 자극하기 위한 이야기텔링 스킬을 보유할 수 있다. 또한 그림책과 시각자료를 활용하여 학습자들의 감정, 생각, 행동을 이해하고 지원하는 데 전문적인 스킬을 배울 수 있다. 유아나 어르신들에게는 그림책을 통해 언어 발달을 지원하며, 어휘력과 읽기 능력을 향상시키는 데 도움을 준다. 그림책을 통해 문해력과 인지 발달을 촉진하고 문제 해결 능력을 향상시킨다. 그림책심리는 학습자들의 감정적인 어려움에 대한 상담 및 지원을 제공하는 데 도움이 된다.

따라서, 동화작가심리지도사는 주로 동화 작품을 제작하고 창작하는 데 중점을 두며, 그림책심리지도사는 주로 그림책을 통해 학습자들의 발달을 지원하고 상담하는 데 중점을 둔다. 두 전문가적인 요소들은 모두 학습자들의 발달과 복지를 촉진하는 데 중요한 역할을 한다. 이러한 그림책의 중요성을 깨달아 "오색그림책방"을 창업하였다. 그림책방은 그림책과 남녀노소 모두를 위한 특별한 공간으로, 다양한 그림책 컨텐츠와 평생교육사의 역할을 수행하고 있다.

오색그림책방은 아이들과 어른들을 위한 마법 같은 공간이다. 이곳에서 아이들은 다양한 그림책을 만나고, 이야기의 세계로 빠져들며 자신만의 모험을 즐긴다. 그림책은 어린이들의 언어 능력과 상상력을 향상시키는데 중요한 역할을 한다. 또한, 그림책을 통해 아이들과 성인 학습자들은 감정을 이해하고 표현하는 데 도움을 받으며, 더 나아가 문학적인 즐거움을 경험한다.

오색그림책방에서는 다양한 그림책 컨텐츠를 제공하여 학습자들의 다양한 관심과 수준에 부합하는 자료를 제공한다. 이를 통해 사람들은 자신의 관심사와 성향에 맞게 그림책을 선택하고 읽음으로써 자기 주도적인 학습을 경험한다. 오색그림책방에서는 그림책뿐만 아니라 그림책과 관련된 활동과 이벤트도 함께 제공하여 학습자들에게 더욱 풍요로운 경험을 제공한다.

뿐만 아니라, 오색그림책방은 평생교육사의 역할을 수행한다. 평생교육사는 아이들과 부모들에게 그림책을 통한 교육적인 가치와 의미를 전달하고, 어떻게 그림책을 활용하여 학습과 성장을 도울 수 있는지 가이드한다. 이를 통해 아이들은 그림책을 더욱 효과적으로 활용하며, 독서와 학습에 대한 긍정적인 태도를 가지게 된다.

오색그림책방은 아이들에게 문학과 예술의 세계를 열어주며, 그림책을 통한 지식과 가치의 전달을 촉진한다. 아이들은 이곳에서 자유로운 독서 환경을 즐기며, 학습과 놀이를 결합한 즐거운 경험을 쌓을 수 있다. 오색그림책방은 아이들의 미래를 밝게 비추는 중요한 역할을 하며, 그림책과 함께 사람들을 성장과 발전의 길로 인도한다.

그림책 컨텐츠 확장과 평생교육사의 사회적 기여

그림책은 우리 아이들의 교육과 미래를 밝게 비추는 열쇠다. 우리의 비전은 무한한 가능성을 품은 아이들을 키워내어, 그들이 미래의 리더와 창조적인 문제 해결자로 성장할 수 있도록 하는 것이다. 이를 위해 그림책을 통한 교육과 엔터테인먼트를 지속적으로 확장하고, 사회적으로 기여하는 계획을 가지고 있다.

우리는 그림책을 통한 모든 학습자들의 교육을 적극적으로 추구하고 있다. 그림책은 학습자들의 언어 능력, 상상력, 감정 인식 및 사회적 기술을 발전시키는 데 중요한 역할을 한다. 그림책을 통해 학습자들은 다양한 이야기와 캐릭터를 만나며, 다양한 문화와 가치관을 이해하게 된다. 서로의 다름을 인정하고 무의식 안에 다양한 감정들을 직면하면서 왜곡된 비합리적 신념들을 알아가면서 수용하는 자아존중감을 만들어 간다.

잠재되어 있는 가치를 알게 되고 이루지 못한 꿈들과 열등감을 해소하고 인간관계의 정서 행동 발달에도 영향을 받는다. 다양한 그림책 콘텐츠의 미래 비전은 이러한 교육의 효과를 극대화하고, 학습자들이 세계적인 문제를 해결할 수 있는 능력을 갖추도록 하는 데 있다. 우리는 그림책을 활용하여 학습자들에게 긍정적인 가치, 공동체 의식, 문제 해결 능력을 가르치고자 한다. 이러한 미래 비전은 학습자들이 성공적으로 미래의 사회에 기여하는 데 필요한 역량을 개발하도록 돕는다.

우리는 그림책 컨텐츠를 지속적으로 확장하고 다양한 주제와 형식의 그림책을 개발하고자 한다. 이를 통해 아이들과 성인 학습자들은 자신의 관심사와 능력을 발휘하며 더 다양한 경험을 쌓을 수 있다. 예를 들어, 과학, 역사, 환경 문제와 관련된 그림책을 개발하여 학습자들에게 보다 폭넓은 지식을 제공하고자 한다.

뿐만 아니라, 우리는 사회적 기여에도 주력하고 있다. 그림책을 통해 얻은 수익 일부를 사회적 캠페인 및 교육 프로그램에 기부하여, 어려운 환경에서 자라고 있는 아이들과 성인 학습자들에게 그림책의 매력과 교육적 가치를 전달하고자 한다. 미래의 리더로서의 역할을 수행할 수 있도록 다양한 기회를 제공하고자 한다. 취학 계층을 위한 지역활동 및 지역센터에 그림책 활동 수업을 지원하여 그림책 프로그램들을 경험할 수 있도록 한다.

동화작가심리지도사와 그림책심리지도사를 통한 강사양성으로 지역 기관 및 학교, 도서관에 창의독서와 책만들기 학습으로 학습자들의 정서활동에 학습적으로 도움을 주고 있다. 이러한 계획은 우리의 오색그림책방이 그림책을 통한 학습자들의 교육과 미래를 지속적으로 발전시키며, 사회에 긍정적인 영향을 미칠 수 있도록 하는 데 중요한 역할을 할 것이다. 우리는 그림책을 통해 학습자들을 더 나은 미래로 인도하며, 그림책의 매력과 교육적인 가치를 더 많은 이에게 전달하고자 한다.

꿈을 이루기 위해 끊임없는 도전과 배움의 중요성

창업을 꿈꾸는 분들에게 전하고 싶은 말이 있다. 그것은 꿈을 이루기 위해 끊임없는 도전과 배움의 중요성이다. 우리가 새로운 길을 걷거나, 스스로의 비전을 실현하려 할 때, 어려움과 실패는 피할 수 없는 동반자다. 하지만 그것이 꿈을 이루는 과정의 일부라는 것을 기억해야 한다. 도전과 실패는 우리에게 소중한 경험과 교훈을 선물한다. 그것들을 견뎌내고 배움으로 승화시키는 것이 중요하다. 그림책과 학습자들을 위한 열정을 잃지 말아야 한다.

창업은 종종 힘들고 복잡한 여정이다. 그럴 때, 당신의 꿈과 열정을 되돌아보라. 그림책과 학습자들을 위한 열정과 필요성을 잃지 말고 당신을 움직이게 만드는 원동력이 무엇인지, 목표를 향한 열정적인 동기부여가 무엇인지 지속적으로 생각해야 한다.

그림책은 학습자들에게 세계를 열어주고, 무한한 상상력을 키우며, 가치와 지식을 전달한다. 이와 같이 그림책은 미래를 향한 희망과 변화의 심볼이 될 수 있다. 당신의 창업 비전도 마찬가지다. 열정과 비전을 잃지 않고, 항상 목표를 기억하며 나아가야 한다. 창업은 도전과 배움의 중요성을 알아야 한다.

창업은 지속적인 도전과 배움의 과정이다. 실패와 어려움을 두려워하지 말고, 그것들이 당신을 더 강하게 만들고, 당신의 비전을 더 구체적으로 만들어 준다고 믿어라. 배움의 문화를 기르고, 실패를 실험의 일부로 받아들이는 것이 새로운 경험이 될 것이다. 그것이 당신을 성장시키고 당신의 비전을 현실로 만들 것이다.

마지막으로, 창업은 단순한 경제적 성공이 아니다. 당신의 비전은 사회에 긍정적인 영향을 미치고, 더 나은 세상을 만드는데 기여할 수 있다. 그림책은 학습자들에게 꿈과 희망을 줄 뿐만 아니라, 더 나은 세상을 만드는 계기가 될 수 있다. 당신의 창업 역시 이와 같은 긍정적인 영향을 미칠 것이다.

그러니 당신의 꿈을 향해 나아가며, 끊임없는 도전과 배움으로 무장해야 한다. 그림책과 학습자들을 위한 열정을 잃지 않고, 창업을 통해 더 나은 미래를 향해 단단히 걸어가야 한다. 이 세상에 우리와 같은 비전을 품은 변화의 주인공이 더 필요하다. 그 여정은 어렵더라도 나의 열정과 노력은 결코 헛되이 가지 않을 것이다.

그림책은 감동과 공감을 불러일으키는 매체이다. 우리의 비전은 그림책을 통해 아이들과 어른들이 다양한 감정을 체험하고 공감하는 경험을 통해 더욱 인간적이고 따뜻한 사회를 만들어 나가는 것이다. 또한 그림책은 상상력을 자극하고 창의성을 키우는데 중요한 역할을 한다. 우리의 비전은 그림책을 통해 학습자들이 창의적인 문제 해결 능력을 키우고 미래의 혁신적이고 나다움으로 바른 인성을 교육하는 매체로 활용한다.

그러므로 그림책은 교육적 가치를 지니고 있다. 그림책을 통해 언어, 문화, 과학, 역사 등 다양한 분야의 지식을 전달하고 학습자들의 학습을 촉진하는 것이다. 그림책은 다양한 문화와 가치관을 이해하고 존중하는 데 도움을 준다. 그림책을 통해 다양성을 존중하고 사회적 참여를 촉진하여 더 공정하고 포용적인 사회를 만드는 것이다.

그림책은 환경 보호와 지속가능성에 대한 중요성을 강조할 수 있다. 그림책을 통해 아이들과 어른들이 지구 환경을 보호하고 지속 가능한 미래를 위해 노력하는 것이다. 이런 그림책 콘텐츠를 통해 사회와 개인의 성장과 발전을 지원하는 역할을 함께 추구할 수 있을 것이다. 그림책은 우리가 이러한 비전을 현실로 만들어 나가는 데 중요한 창구가 될 것이고, 우리는 그런 방향성과 성장의 길에 함께 동행하는 길잡이가 되어 주어야 한다.

주저하고 있는 시간에 다른 누군가는 앞서가는 사회에 살고 있는 우리는 빠르게 변화하는 현실을 주도적으로 개척하고 실행해나가야 한다. 지금 여기서 바로 내가 행복한 삶을 즐겁게 살기 위해 도전할 수 있는 용기가 필요하다.

- 한위가 & CHOI:SYS(초이시스) 대표
- 이화여자대학교 언론홍보 예술학석사
- 평생교육사2급 (교육부)
- 이미지메이킹컨설턴트
- 국제공인아로마테라피스트 (미국)
- 국제아토피상담사교육강사 (뉴질랜드)
- ARC/ ICAA/ NAHA / AIA
- 대한아로마학회 정회원
- 영국아로마테라피센터 교육강사
- KDAC 한국디자인아트센터 천연비누제조전문가 디자인공예가
- KPCA 한국석고공예협회 석고전문지도사
- KCCA 한국양초공예협회 아로마캔들지도사범
- IAA 아로마인사이트카드 아로마심리상담사
- ICAA 천연비누아로마숍 I, II
- ICAA 패티플린 숍메이커, 디플로마

이메일 hanwiga@gmail.com
블로그 https://blog.naver.com/choisys-aromatherapy
인스타 @choisys_hyekyung
연락처 010-7168-2191

최혜경

13

아이 셋맘 전업 주부에서 N잡러되다!
내가 하는 모든 일이 브랜딩이 된다

해야 하는 일과 해보고 싶은 일들 사이에서 20대를 보냈다.
결혼과 출산을 하고보니 내가 해야 하는 일 해보고 싶은 일들 따위는 잊혀졌다.
아이셋을 출산하고 키우다보니 내 나이 30대가 지나가고 있었다.
후회는 없지만 뭔지 모를 아쉬움은 두려움으로 변했다.
여전히 나는 아이셋의 주양육자이며 주부의 삶을 살고 있다.
등교한 후 식구들이 모두 잠을 자는 새벽시간들을 활용하며 온라인수익화를 이뤄내고 있다.
초이시스아로마테라피공방으로 시작해서 초이시스공구 SNS [공동구매] 로 온라인판매자가 되었고 온라인판매자들에게 판매제품을 연결해주는 밴더자로 확장하며 판매자들의 개인 컨설팅을 통해 수익화를 이룰 수 있도록 돕는 일을 하고 있다.
"한위가" 브랜드런칭하여 천연감기약 "배꿀찜" 과 "생강청"을 제조, 유통 식품&화장품 OEM제조 컨설팅을 통해 많은 제조업하는 분들과 협업을 하며 도소매몰, 해외구매대행업, 패쇄몰 운영을 하고 있다.

아이셋맘 전업주부에서
(육아맘 경력 단절)N잡러되다!

엄마는 꿈이 뭐냐고 물었다

준비되지 못한 엄마였다. 뱃속에 아기가 있음에도 내 일을 더 우선시했다. 그렇게 갓생(열심히)을 살면서 태교는 꿈도 꾸지 못했었다. 조금이라도 쉬며 태교란 걸 해보고 싶어서 출산 한 달을 남기고 퇴사했다. 친정과 시댁 양가 모두가 아이를 봐줄 수 있는 상황이 아니라 육아휴직이 아닌 퇴사를 결정하게 되었다. 그렇게 큰아이를 출산하고 2년 터울로 두 아이를 더 출산하여 세 자녀의 엄마로 살아가고 있다.

세 아이들을 올망졸망 데리고 다니면 우리들의 모습을 본 어르신들은 그냥 지나치질 못했다. '엄마가 힘들겠다. 그래도 지금이 제일

좋은 시기야!' '애들이 너무 귀엽네 애들 금방 커!' 등등

　세 아이들의 육아로 당장의 내 몸이 힘들기였기에 내 아이들을 귀엽다고 해주시는 이런 이야기와 말씀들은 마냥 감사했지만 별다른 울림 그 이상을 헤아릴 수는 없었다.

　결혼 전까지 학업과 일을 병행하면서 쉬어 본 적 없이 살았다. 그래서 쉬는 날이면 뭘 하고 시간을 보내야 하는지 참 낯설었다. 이때 남편이 학업(대학원 휴학 중) 마치는 것이 어떻겠냐고 이야기해서 그렇게 큰애 낳고 새롭게 시작한 석사과정을 두 아이 더 출산하고 5년 만에 졸업할 수 있었다. 지금 돌아보면 내 성장을 위해 집중했었던 그 시간이 있었기에 육아 우울증이란 걸 모르고 힘들지만 즐겁게 아이 셋을 잘 키울 수 있었지 싶다.

　아이들 셋을 키우면서 공부도 하고 열심히 사는 난 주위 사람들에게 많은 귀감이 되곤 했었다. 큰 아이가 유치원을 가게 되고 이런저런 체험수업들 그리고 다양한 책을 읽으면서 '꿈이 뭐니'? 하는 질문들을 많이 받아본 모양이다. 어느 때처럼 저녁식사를 하고 있는데 큰 아이가 진지하게 내게 물었다.

　'엄마! 엄마는 꿈이 뭐야?' '어?' '엄마는 커서 뭐가 되고 싶어?' 진지하게 묻는 아이 물음에 난 잠시 멈칫 거렸다. 그리고 이렇게 대답했다. '엄마는 경이 윤이 온이 너네들 엄마가 꿈이었어.' 그랬더니 '와! 엄마는 꿈을 이루었네.'

그리고 그날 밤 깊은 생각에 생각을 더해 밤잠을 설쳤었다. 문득 이런 말이 떠올랐다.

어릴 때는 그냥 옆에 있어 주는 엄마가 좋고 커서는 일하는 엄마 전문직 엄마를 애들은 더 좋아할 거라는 어디서 이런 말을 들은 적이 있는데 이런 말이 강하게 스쳐 지나갔다. 나에게 전문직 엄마는 너무 먼 이야기였다. 자신이 없었다. 출퇴근할 자신도 아직도 손이 많이 가는 아이들 두고 뭘 할 자신도 엄두도 나지 않았다 그냥 잠시 생각만 복잡했었다. 하지만 엄마는 커서 뭐가 되고 싶어? 이 질문은 내내 내 가슴속에 있었다.

딸 둘과 막내인 아들을 키우고 있다. 아이들을 키우다보니 가습기 살균제 사태, 생리대 발암물질, 생활 속 바디버든, 경피독등에 민감하지 않을 수 없었다.

가습기 살균제 사태를 겪으면서도 그 독성 물질들이 학교 앞 문방구에서 아이들이 손쉽게 구 할 수 있는 장난감에 포함되었다는 뉴스들은 보면서 내가 공부해서 알아야겠다고 생각했다. 시간이 될 때마다 인터넷을 검색하는 것을 시작으로 정보를 수집했다. 그렇게 공부한 내용들을 간단하게라도 정리해서 SNS(인스타그램)에 올리기 시작했었다.

내 공부였다. 저장의 개념으로 쉽게 찾아보기 위해서 sns에 올렸는데 시간이 지나니 나는 나랑 관심사가 비슷한 엄마들과 관련 전문가들 사이에 오작교 역할을 하는 정도의 사람까지는 되어있었던 거 같다. 모르는 건 창피한 게 아니다. 창피한지 모르고 아기 걸음마 하듯 차근차근 기본적인 내용들부터 정리하고 공유했었다. 그러다가 집 앞에 내 이름을 내세운 작은 아로마테라피공방을 창업했다. 그때가 큰애 초4 둘째 초2 막내 초1(7세입학) 했을 때다.

  정신없이 애들 등교시키고 공방으로 출근해서 12시면 막내가 집으로 왔었다. 다시 집으로 돌아가 막내 돌보고 셋 모두 학원에 있을 4~5시 사이 다시 공방 나오고 다시 집으로 가서 저녁 챙겨 먹이고 준비해서 재우고 11시쯤 또 공방으로 나와 그다음 날 일들을 세팅해 놓고 가곤 했었다. 정신없는 스케줄이지만 나만의 공간 내 일이 생겼다는 것만으로 힘든지 모르고 일했었다.

  혼자 집에 있는 새벽 시간에는 집중이 제일 잘 되는 시간으로 아로마테라피 천연화장품 비누 등 관련 공부를 했고 공부한 내용을 sns로 공유했다. 자고 일어나면 응원한다는 댓글들에 정말 힘들지도 몰랐었다. (지금 흔한 말로 내가 관종이란 걸 그때 알았다.)

  다만 그때 초등학교 입학한 막내 아이는 누나들에 비해 잘 못 챙겨준 것에 대한 미안함은 평생 갖고 갈듯하다.

세상 밖으로 한걸음 한걸음
일하는 사람에서 돈 버는 사람이 되고 싶었다

전업주부가 일하는 사람, 회사 대표로 모르는 사람들에게 인지되기까지 꽤 긴 시간이 소요되었다. 누구 엄마라고 불리며 살았던 시간이 약 10년쯤 되다 보니 내 이름을 나조차도 관공서에서만 쓰고 살았었다. 그러다가 인스타그램을 하면서 혜경씨로 불리다가 사장님 대표님으로 불러주니 정말 '내가 일을 하고는 있나? 내가 무슨 어디 사장이고 대표인 거지?' 순간순간 이런 생각도 들었지만, 기분이 싫지만은 않았다. 더 재미있고 책임감도 생겨서 한동안 정말 열심히 온라인 활동을 했었다. 하지만 중요한 건 개인 인스타 팔로워가 아닌 사람들에게는 그냥 여전히 난 누구의 엄마로만 인지되었다. 그러면서 '난 가상에서만 존재하는 건가?' 하는 생각이 들기도 했다.

나를 모르는 사람들에게도 나는 일하는 사람으로 보이게 하고 싶었다. 아니 그래야만 했었다. 그래야 나를 믿고 신뢰하는 나를 대표님이라며 불러주는 사람들에게 대한 그 무엇이라고 생각했었다. 일하는 사람은 수익이 발생되어야 한다.

'무엇으로 어떻게 수익을 낼 수 있을까?' 에 대한 고민을 참 많이 하고 살았었다. 그래서 집이 아닌 사업장이 필요하다고 느꼈다. 월세를 내면서 순수익이 크지 않더라도 내 공간에서 내 개발를 위한 투자를 한다 생각했었다. 아로마테라피 공방을 정식 오픈하고 사업자등록증에도 대표라고 적혀있으니 대표라는 소리를 들어도 이상하지 않았다. 더 전문적인 교육을 받으며 캔들, 천연비누, 석고 방향제, 천연화장품, 세정제 등 등 만들고 수업하고 인스타로 올려서 정리했었다. 그러다 보니 팔로워들이 늘어나기 시작했고 만든 제품들 수업 문의뿐 아니라 판매문의도 계속 이어졌었다.

　나는 이렇게 나만의 공간에서 공방 홍보가 아닌 내 홍보를 먼저 하고 있었으며 내가 올리는 이야기 사진들에 한 분 한 분씩 반응이 오고 응원해 주는 분들이 너무 감사했었다. 그래서 더 아는 척하려도 부단히 애쓰고 살았는데 아는척을 2-3년 정도 하다보니 내가 이 분야에서 초보티는 벗었구나 싶었다.

　내 개발도 하고 꾸준히 소통도 하며 대표 놀이를 재미있게 했었다. 그렇게 작은 공방에서 시작해서 현재는 식품/화장품 oem 제조 공동구매를 연결하는 유통업까지 사업을 확장시켜가고 있다. 그리고 처음에 이야기한 내 팔로워가 아닌 다른 사람들에게도 일하는 사람으로 보이고 싶어한다는 건 목표달성을 이루었다.　전업주부에서 일하는 엄마로 육아와 일을 병행하며 후회 없을 만큼 열심히 했었다.

포기만 하지 않는다면 내 자리는 있겠다

초등학생 세 아이들을 돌보면서 일을 한다는 건 매 순간이 위기였고 한순간도 편 할날 이 없었다.

수익이 조금씩 오르면서 오는 성취감도 잠시뿐이고 게임 티브이만 보는 아이들 어지러운 집안꼴을 보고 있으면 그냥 한숨이 나왔다. 전업주부로 아이들을 케어했었기에 아이들은 갑자기 바빠진 엄마를 참 좋아했었다. 자기들 마음껏 놀 수 있다고 생각하는 것 같았다. 먹고 싶다는 거 배달음식을 자주 시켜주니 아이들 삶의 만족도가 높아진다고 생각한 모양이다. 이렇게 행복해하는 아이들을 붙잡고 집 정리, 실내화 빨기, 밥 챙겨 먹기, 책 읽기 등등 하나하나 붙들고 해야만 했다. 놀이터에 놀고 있는 애들 붙잡아서 씻겨 먹이고 숙제시키고 책 읽히고 이것만 해도 난 너무 지쳤었다.

일 관련해서 누군가와 만나고 싶어도 일찍 하교하는 아이들이라서 누굴 만날 엄두도 못 냈었다. 어렵게 시간 내어 만나면 '그냥 시간 낭비하지 말고 편하게 살아 일 안 하면 편하잖아 왜 힘들게 이렇게 살아?' 라는 이야기만 들을 뿐이었다.

그때 다짐했었다.

'내가 누군가를 만날 수 있는 여건이 안 된다면 그들이 날 찾아오

게 만들겠다.' 라고

　이 마음으로 누군가를 만날 에너지를 온전히 내 일에 내 길에 쏟았다. 경주마처럼 내 상황에 맞는 내 길을 묵묵히 걸어나갔다.

　온라인 시대가 열렸고 난 뒤처지지 않기 위해 부단히 내 개발에 애썼다. 그때 생각했다. 어쩌면 지금 내가 원하는 정보들을 양적으로 더 많이 받을 수 있겠다. 포기만 하지 않는다면 내 자리는 있겠다. 내가 잘만 하면 나를 만나고 싶게 사람들을 만날 수 있겠다. 가능성을 계속해서 확인할 수 있었다. 온라인 시대는 내게 기회였을지도 모르겠다.

SNS 공동구매 판매셀러(CHOI:SYS 초이시스)이자
식품을 제조하는 대표(한위가)

　아이들을 키우면서 크고 작은 일로 동네병원부터 대학병원까지 병원 문 닳도록 들락날락했다. 임신했을 때 내가 먹었던 안 좋은 음식들이 문제였을까? 임신 후 운동을 안 한 게 문제였을까? 아이가 아프면 난 나를 자책했었다. 어떻게 키워야 할까? 참 많은 고민을 했었다. 그 시기 씻고 바르는 것에 대한 중요함을 알게 되었고 내 아이들을 위해 깊게 알아야 한다고 생각했었다.

　처음에는 만드는 것이 좋았다. 천연화장품, 샴푸, 비누, 주방 세제,

빨랫비누 안전한 성분으로 유통기한은 짧지만 바로바로 만들어 사용하면 되니 그렇게 재미있어서 공부가 더 재미있었다. 그렇게 공부가 깊어지면서 인체에 대해 공부하게 시작했고 예전 가습기 살균제 사건부터 유해 성분들이 몸에 미치는 영향들이 눈에 들어왔다. 미세먼지와 바이러스 등에 대해서도 알아갔다. 그렇게 공부를 하고 나니 난 천연화장품, 천연비누 자격증뿐 아니라 국제 공인 아로마테라피스트라는 타이틀을 사용 할 수 있는 사람이 되었다. 그렇게 공부하는 과정모두를 내 인스타를 통해 공유했다.

시작은 내 공부 정리해서 태그 해놓으면 내가 필요할 때 그 태그검색해서 볼 수 있으니 요점정리 차원에서 인스타를 시작했었다. 그러나 어느 정도하다 보니 나와 내 상황과 비슷한 분들의 응원이 이어지고 내 피드를 기다리셨다. 그리고 더 시작이 지나니 이런 질문들이 오기 시작했다.

'언니 아이들 화장품 뭐 사 세세요? 뭘 사면 좋을까요? 이 브랜드 좋은가요? 우리 아이는 이런데 어떤 제품이 도움 될까요? 그 물건을 어디서 사나요? 언니가 팔아주시면 안될까요? 공방으로 가면 다 만들어올 수 있나요? 등등등

그렇게 공방 홍보가되고 수업이 이어지고 판매를 할 수 있는 제품들은 공동구매 형식으로 우리끼리 좋은 거 착한 가격으로 사쓰자는 마음으로 시작해서 난 온라인 수익화를 시작하게 되었고 처음에 한

두 개씩 판매되었던 공구가 시간이 지날수록 판매가 늘어났었다.

공방 운영과 공동구매를 진행하는 사람으로 지내다가 씻고 바르는 것보다 내가 무엇을 먹느냐의 중요함을 절실히 알게 되었고 감기를 달고 사는 아이들에게 매년 해서 먹었던 배꿀찜이란걸 식품제조를 해서 판매, 유통을 시작하기 시작으로 사업의 규모를 키워나가기 시작했다.

공동구매를 진행하는 판매 셀러이자 식품을 제조하는 대표로 일을 해나가고 있다. 요즘에는 판매 셀러들에게 공동구매 제품을 연결해 주고 공구진행을 돕는 일을 벤더 역활로 확장을 시켜서 온라인상에서 많은 사람의 온라인 수익화를 돕다 보니 만나보고 싶다는 연락을 종종 받는다.

시간이 없어 만날 수 없는 사람들이 이제는 나를 만나러 오기 시작했다.

세월이 변했을까? 내가 변했을까? 기분 좋은 변화다.

무엇을 하나 시작해서 그 분야의 안정기가 되었을 때 그에 안주하지 않고 시장의 흐름에 따라서 변화를 계속 시도했었다. 시간이 부족하고 가정에 묶여있어야 하는 내 상황에서 무엇을 해볼 수가 없기에 무얼 하나 하더라도 더 신중해야만 했다. 그게 나에게 약이 된 결과인듯싶다.

다양한 컨설팅으로 도움을 주고싶었다.
그랬더니 내 길이 더 많아졌다

공동구매 시장이 몇 년 전부터 공동구매 강의시장이 되어버렸다. 조금만 하면 월 천만원을 벌 수 있을 것처럼 광고를 한다. 그래서 수강한 사람들이 월 천만 원을 벌까? 매출과 순수익의 차이를 교묘하게 숨겨 정작 내 순수익보다 총매출에만 집중하게 한다. 그리고 '열심히 일하고 난 왜 남는 게 없지?' 라는 생각을 들게 한다. 수요가 있어야 공급도 있고 수요보다 공급의 밸런스가 안 맞는 경우는 불합리 화가 된다.

온라인 판매 셀러는 계속해서 늘고 있지만 판매할 물건을 갖고 있는 사람은 크게 늘지 않았다. 그렇기에 판매 셀러의 마진이 계속해서 줄 수밖에 없고 심지어 판매 물건을 셀러 증정이 아닌 구매를 해야 하는 경우까지 왔다. 이런 상황에서 난 셀러편에서 셀러들의 순수익을 높이는 것에 집중하고 도와주고 있다. 셀러들의 순수익은 중간 벤더 입장인 내게도 수익을 가져다준다.

셀러들이 잘 성장을 하게 되면 큰돈을 들이지 않고 제품 제조도 해볼 수 있는 컨설팅을 진행하고 있다. 식품과 화장품의 대표로 제품을 만들어 유통할 수 있는 모든 일들을 함께 동행해 준다. 그렇게 나온 제품들을 유통하게 되면 이 또한 내 수익이 된다.

다양한 제품들 다양한 셀러 분들과 함께 매 순간들을 재미있게 지낼 수 있다. 누군가에게 도움을 주다 보니 나 스스로 만족도가 높다. 그리고 그런 내가 추천하는 공동구매 제품들을 내 소비자들도 신뢰를 해주고 있다. 이런 선순환고리를 계속 만들어 조금씩 성장,확장시키고 있다.

온라인상으로도 진심은 통하더라

온라인으로 수익화를 꿈꾸시는 분들에게 세 가지 이야기를 해주고 싶다.

첫 번째 돈 벌기 쉽지 않다.

내 실력은 내가 무수히 넘어지고 좌절하고 실패해야 생긴다는 진부한 말일 수 있는데 정말 그렇다. 지금 힘들고 넘어진 상태라면 포기하지 말고 다시 또 시작하면 된다.

두 번째 처음 시작하면서 꼼수를 먼저 배우면 절대 오래 못 간다.

정통의 길을 배워야 한다. 그 길은 결코 느린 길이 아니다. 실력은 한순간에 만들어지는 것도 아니고 급변화되는 시대에서 기본기가 없으면 확장시키는 것 차체가 어렵기 때문이다.

마지막 세 번째 내가 하고 있는 모든 것이 브랜딩이 된다.

지금은 온라인 수익화에 대한 여러 가지 강의들이 있고 또 그 강사들을 위한 강의도 있고 점점 더 세분화가 되어 각각의 강의들이 많이 열려있다. 강의를 듣다 듣다 뭘 해보지도 못하고 포기하는 사람들이 너무 많다. 그리고 실행에 대해 이야기를 하고 꾸준함의 중요함을 강조한다. 꾸준한 실행력 역경을 딛고 일어나는 일어나야 성공한다. 이런 이야기는 예나 지금이나 어느 분야나 공통적으로 최우선적으로 중요한 이야기다.

우리는 각자 다 다른 삶을 살았고 살아가고 있다.
내 스토리와 내 노력들에 직접 만나본 적 없는 인스타 팔로워들이 반응을 서서히 하게 될 거고 그 반응들은 꾸준함을 보여줘야 그들도 신뢰를 하게 된다. 그랬을 때 재미란 게 있고 무엇을 했을 때 지치지 않는다.

인스타그램 계정을 키우려면 핫플레이스의 커피숍 가서 사진 이쁘게 찍어 올려야 한다. '연예인 누구 알면 같이 사진 찍어서 올려봐라. 명품숍 가서 찍어봐라. 팔로워 쭉쭉 늘 거다' 였다. 그렇게 해야 하는 줄 알고 없는 시간 쪼개서 사진찍으러 커피숍도 가봤고 유명인들과 사진 찍어 올려보기도 했다. 역시 반응은 있었다. 그런데 내가 재미가 없었다. 사진 찍기 위해 커피숍을 간다는 게 참 재미없었다. 집에 일이 산더미고 애들 하교 시간 맞춰 집에 정신없이 와야 하고 개인적으로 잘 안 맞았다. 내가 재미없으니 지속할 수도 재미있어 보이지도 않고 그게 그대로 전달된다. 온라인상에서도 전달이 된다.

집에서 식빵 굽고 동네 엄마들이랑 커피 마시는 게 난 더 재미있었다. 유명한 사람 없어도 애들친구 엄마들이랑 놀면서 애들 이야기하고 애들이 사용하는 비누 로션 만들고 그런 이야기 공유하니 내가 재미있었다. 이것이 내 시작이다.

요리를 좋아하면 그냥 있는 그대로 정성을 다해 꾸준히 하면 된다. 고급 브랜드 접시 없이도 나만의 팁이 있다면 그것이 작고 소소한 팁이어도 그것들이 쌓이면 그런 스토리에 반응이 온다. 여행을 좋아한다면 퍼스트클라스 비행기 안 타도된다. 꾸준히 할 수 있는 나만의 길을 가고 그것들을 공유하고 나와 비슷한 사람들에게 귀감이 되려고 노력만 해보는 걸로 시작해 보자.

온라인상으로도 진심은 통하더라

이제 아이들이 묻는다. 그래서 엄마는 직업이 뭐예요?라고
아직도 정리되지 않는 내 직업 명칭
난 이렇게 이야기한다.
엄마는 이경, 이윤, 이온 반려견 이밤의 엄마이면서 N잡러라고!

○ 기업 건강증진 컨설팅 회사 [웰니스랩] 대표
○ 동아대학교 일반대학원 의과대학 의학박사
○ 동아대학교 체육학과 겸임교수
○ 부산과학기술대학교 재활운동건강과 외래교수
○ 동아대학교 및 사하구청장 표창장 수상
○ 네이버 검색: 웰니스랩

이메일 wellnesslab@naver.com
홈페이지 www.wellnesslab.co.kr
블로그 웰니스랩(https://blog.naver.com/wellnesslab)
인스타 웰니스랩(https://www.instagram.com/wellnesslab.co.kr)
유튜브 웰니스랩(https://www.youtube.com/@wellnesslab.)
연락처 010-8229-0068

박소영

14

찾아가는 기업 건강증진 서비스, 웰니스랩 박소영 작가

찾아가는 기업 건강증진 서비스, 웰니스랩
(모든 사람이 건강함을 누리는 사회를 꿈꾸는 웰니스랩)

모든 사람이 건강함을 누리는 사회를 만드는 데
기여하는 삶을 살고자 하는 사람!
14년간 체육·의학 분야 전공 학업과 연구 경력을 기반으로
사업을 시작하여
과로사와 산업재해를 예방하고 근로자 건강증진을 비롯한
생애주기별 건강증진과 웰니스를 실현하고자
[웰니스랩]를 설립했다.

'Healthcare Innovation'을 모티브로 건강과 웰니스를 추구하는
개인과 조직, 사회를 만들고자 시대에 맞게
도전, 변화, 혁신을 끊임없이 추구하며,
삶의 질 향상에 기여하고자 한다.

찾아가는 기업 건강증진 서비스, 웰니스랩 박소영 작가

내 건강은 누가 챙겨주나?

2023 세계박람회, 2030 월드 엑스포 개최지로 손색없는 대한민국 부산이라는 광역 도시에서 나는 창업을 시작했고, 부산을 본사로 전국적으로 일을 진행하고 있다. 처음부터 창업할 생각은 하나도 없었다. 특수 장애인을 대상으로 한 개인 맞춤형 건강증진에 관심이 많았던 나는 대학교 4학년 졸업을 앞두고, 동아대학교 체육학과 학사 졸업 후 인제대학교 작업치료학과 학사 편입이나 부산대학교 교육대학원 특수교육 전공에 진학하여 조금 더 공부하고자 하였다.

인제대학교 작업치료학과 학사 편입은 입학 전형에 응시하여 최종 합격을 했고, 부산대학교 교육대학원 특수교육 전공 시험 당일 몸이 아파서 면접 일정에 참여하지 못해서 진학의 기회를 얻지 못했다. 그 시기에 동아대학교 우진희 교수님께서 비만-당뇨 연구를 진행하실 예정이었다. 연구의 내용 중 췌장 베타세포가 면역시스템에 의해 파괴되어 인슐린을 분비하지 못해 발생하는 당뇨병으로 알려진 제1형 당뇨병 환자를 대상으로 한 연구를 진행하실 것이란 이야기를 듣고, 궁금증과 관심이 생겼다.

때마침 그때, 모교 대학원 입학 전형 일정에 추가모집 1명 공고가 떴다. 모교에서 장학생으로 대학원 과정 등록금 전액 무료의 혜택을 얻을 수 있었던 나는 흥미로운 분야의 연구와 신뢰할 만한 교수님을 만났기에 나를 위해 만들어진 기회라 여기고 추가모집 1명 입학 전형에 응시하였다. 다행히도 그 응시 결과는 합격이었고, 다른 학교와 고민하다가 동아대학교 일반대학원 체육학과에 진학하기로 했다.

석사과정을 진행하면서 '체육학과 교수가 되어야겠다!'는 목표가 생겼다. 교수가 되려고 외국, 서울도 갈 수 있었지만, 여러 가지 현실의 고민을 하다가 우진희 교수님의 추천으로 부산에 근거지가 있는 상황에서 가장 현실 가능한 모교 의과대학 박사과정 진학을 고려했다. 이후 동아대학교 의과대학에서 비만·당뇨병 연구를 할 수 있는 약리학교실 이혜정 지도교수님을 만나서 면담하였고, 입학전형에 응시하여 동아대학교 일반대학원 의과대학 박사과정에 진학하게 되었다. 약리학교실 이혜정 교수님과 생리학교실 박환태 교수님의 지도 하에 박사과정을 7년 동안 하면서 의대에 있었던 다양한 실험기법, 연구개발을 하는 A to Z를 배우고 적용하는데 충실히 지냈다.

'생쥐 감각-운동 협응 관련 근방추와 신경근 접합부 발생에서 Grb2-Associated Binders의 역할' 이라는 주제로 의학박사 학위논문을 진행하던 중 형광 염색 물질을 이용하여 항원 항체 반응을 형광 현미경으로 측정하는 면역 형광 현미경 검사법을 주요 연구 방법으로 활용했던 때가 있었다. 면역 형광 현미경의 Z-스택(Z-stack)을 적용하는 연구라서 하루 종일 다 찍으려고 하다 보니 암실에서 많은 시간을 보내야 할 때가 많았다. 그러던 중 새벽 1시가 넘도록 어두컴컴한 암실에서 형광 현미경을 보다가 오랜 기간 동안 너무 무리해서인지 급작스러운 어지럼증을 호소하며 순간적으로 실험실 바닥에 쓰러졌다.

시간이 얼마나 지났을까? 시간이 좀 지나니 괜찮아졌다. 정신이 좀 들고는 쓰러졌던 몸을 일으켜서 다시 자리에 앉았다. 사람들이 일하다가 과로사로 죽는 일도 있다던데 '이렇게 살다가는 죽을 수도 있겠다' 는 생각이 들었다. 아무도 그 정도로 무리하게 시키진 않았지만, 빨리 학위를 마무리 짓고 싶은 마음 때문에 극심한 스트레스 속에서 과로했던 것 같다.

　과로로 인한 쓰러짐을 경험하고는 삶에 대해서 돌이켜 보게 되었다. '나는 박사과정을 왜 하고 있는가?' 스스로 자문한 결과, 체육학과 교수가 되어 건강을 제대로 잘 알리는 사람이 되고 싶었기에 이 과정을 하고 있었다는 것을 깨닫게 되었다. 건강 전문가가 되고자 하는 좋은 의도를 가지고 시작했지만, 내 몸이 망가지는 걸 보면서 '본질이 흐려지는 일을 하고 있구나' 생각되었다. 의과대학 박사과정 연구원 생활을 하고 있던 나는 운동과 영양을 통해서 건강을 챙길 여유가 없었다. '내 건강은 누가 챙겨주나? 내가 근무하는 연구실로 건강 전문가가 찾아와서 내 건강을 챙겨주면 좋겠다' 고 생각했다. 이러한 생각의 출발이 의학박사 졸업 이후 창업의 계기를 만들었다.

0원으로 창업을 시작하다

　몸이 더 망가지기 전에 틈틈이 충분한 휴식을 취하고, 주말 이벤트 회사 돌잔치 진행 요원, 운동 지도 강사 등 다양한 경험을 하며 과로와 스트레스를 풀고자 했다. 그렇게 지내던 중 회사 담당자의 추천으로 근로자한테 운동을 가르칠 기회가 생겼다. 호기심을 자극하는 일이라서 '한 번 해볼까?' 라는 생각하게 되었고, 그게 뭔지도 모르지만 일단 기회를 잡아야겠다는 생각이 들어서 해보기로 했다. 그런데 그 일을 하려고 하다 보니 막히는 게 있었다. 그냥 아무나 할 수 있는 일인 줄 알았는데 회사와 거래를 하기 위해서는 사업자 등록이 필요하다는 것이다. 사업자 등록? 연구직에만 있던 사람으로 사업자가 뭔지, 사업자 등록증은 어떻게 받을 수 있는지 등 사업에 대해 아는 게 하나도 없었다. 나는 아무것도 모르는 상태에서 일이 먼저 생겼고, 일단 하나씩 해보자는 마음으로 실현할 수 있는 환경을 조금씩 만들면서 이 일에 뛰어들게 되었다.

극심한 스트레스 속에서 과로로 인해 암실 바닥에 쓰러졌었던 경험은 고심 끝에 최선을 다해 박사학위를 취득한 후 적어도 10년이 보장될 수 있었던 의과대학 연구교수를 연임하는 선택을 하는 대신 창업을 선택하게 하였다. 건강을 챙길 여유가 없어 나쁜 건강 상태를 방치하고 사는 사람들이 있는 회사와 같은 현장에 찾아가서 대상자 맞춤형 건강관리를 할 수 있도록 도와드리는 일을 실제 현장에서 뛰어다니면서 하고 싶다고 생각했다.

공부만 하다가 박사학위 취득 후 연구교수를 하면서 연봉이 높아지는 데 그 길을 포기하고 선택한 창업이었기에 돈이 없었다. 그래서 돈을 들이지 않고 창업하는 방법을 찾아보게 되었다. 우연한 기회에 집 근처에 있었던 사하창업비즈니스센터를 방문하여 유점석 센터장님과 상담하게 되었다. 상담 이후 1인 창조기업 지원 비즈니스 센터였던 사하창업비즈니스센터에 월 10만 원에 사무실 공간 임대하여 1인실에 입주하게 되었다. '내가 아무것도 못 벌어도 월에 최소 10만 원은 지급할 수 있겠다' 라고 생각했다.

사하창업비즈니스센터 입주 기업으로 사업자 등록하는 방법부터 노무, 세무, 회계 등 사업자에게 필요한 사업의 기반이 되는 교육 기회를 제공받아서 사업에 관해 하나하나씩 배우면서 사업에 대한 기본기를 익히며, 한 단계 한 단계 성장할 수 있었다. 또한 입주 기업이라 누릴 수 있었던 다양한 기회를 적극적으로 이용하였다. 1인 창조기업 마케팅 지원 사업에 선정되어 연간 100만 원씩 지원을 받기도 하고, 다양한 네트워킹 프로그램에 참여하여 타 기업들과 교류하면서 10만 원 사무실 임대료가 아깝지 않게 알차게 활용했다.

다양한 국가 정책 사업에 관한 정보를 찾아보던 중 알고 지내던 회사 담당자님이 사업장 건강증진 활동 비용지원 사업 수주에 관한 정보를 주셨고, 그것을 토대로 한국산업안전보건공단 사업장 건강증진 활동 비용지원 사업을 신청하게 되었다. 그 결과 사업 수주로 창업 첫해 연간 1억 원 이상의 사업비를 수주할 수 있었다. 0원으로 창업하여, 하고 싶은 일을 할 수 있는 적절한 국책 사업 공고를 확인하여 사업 신청을 했고, 사업 수주로 창업 초기 시드머니를 확보할 수 있었다.

또한, 1인 창조기업 사하창업비즈니스센터 입주기업으로 센터장님께 나라의 다양한 정책 사업 정보를 얻었고, 사업 신청에 관한 자문을 구하였다. 창업 초기 창업비용이 필요한 예비 창업자를 위한 다양한 창업 지원사업이 있다는 것을 알았지만, 일이 먼저 생겨서 사전조사 없이 사업자 등록을 먼저 했었기 때문에 이미 신청 요건에 해당하지 않아 아쉬웠다. 창업하려고 계획을 한다면 청년사관학교, 예비창업패키지 지원사업 등 예비 창업자를 위한 다양한 프로그램에 참여해 보는 것을 추천한다. 나는 기창업자로 2017년 초기창업패키지 중 순천향대학교 창업 아이템 사업화 지원사업에 전문인력 분야 헬스케어 창업 아이템으로 신청하여 자부담 포함 7천만 원 사업을 따내면서 건강증진 사업의 초석을 다질 수 있었다.

태도가 기업을 만든다

2017년 초기창업패키지 중 순천향대학교 창업 아이템 사업화 지원사업에 지원했던 전문인력 분야 헬스케어 창업 아이템은 '기업-근로자 맞춤형 건강관리 앱-웹 연동 시스템 개발'이었다. '기업-근로자 맞춤형 건강관리 앱-웹 연동 시스템 개발'이라는 사업명으로 창업 아이템 사업화 지원사업에 참여하며 다양한 경험을 할 수 있었다. 이것을 기반으로 오프라인 사업장 내에서 실제 건강증진 서비스를 추진하는 것뿐만 아니라, 어떻게 온라인으로 적용할 수 있을 것인지, 그것을 적용하고자 했을 때 어떤 애로사항이 있는지 등을 경험할 수 있었다.

정보통신 분야의 전문가가 아니다 보니 시스템 개발에 한계를 느꼈다. 필요한 프로그램이었고, 고객의 니즈에도 부합하는 아이템으로 사업화를 진행했지만, 전문적인 시스템과 안정적인 수익화 모델로 일반화시키는 데 있어서 부족한 부분이 있었다. 일반 기업이 본인에 사업 분야에 필요한 '앱-웹 연동 시스템'과 같은 플랫폼 서비스 프로그램을 만들어서 안정적으로 수익화 및 상용화하고자 한다면 프로그램 유지 보수 비용과 회사 자체 개발자 고용을 통한 서비스 응대, 긴밀한 외주용역 업체와의 관계 등이 다양한 요소가 고려되고 적용되어야 한다는 것을 깨달았다. '기업-근로자 맞춤형 건강관리 앱-웹 연동 시스템 개발'은 다양한 기업의 계약 수주에 있어 큰 도움이 되었다. 사업 기간이 증가할수록 탁월한 연구력과 기술력을 가진 회사로 성장하는 것이 중요하다.

2016년 한국산업안전보건공단 사업장 건강증진 활동 사업을 진행할 때, 업무 태도가 안 좋은 강사 때문에 고생한 적이 있다. 국가사업뿐만 아니라 공공기관과 기업 연계 사업은 보고서가 중요한데 대체할 수 없는 중요한 프로젝트 진행을 계약한 강사가 이 사업 진행 기간에 제대로 일을 안 해주고, 약속 기한을 계속 연장하다가 연락이 끊긴 일이 있었다. 2주 안에 보고해야 하는 상황이었는데 자료 제출을 약속한 시일을 계속 미루고 연락도 안 되는 상황이라서 극도의 스트레스를 받았다. 도저히 신뢰할 수 없는 사람을 기다릴 수만이 없어서 여러 가지 방법으로 수소문하여 며칠 동안 부산-서울에 직접 오가며 연락이 안 되는 사람을 무작정 찾아보고자 하였다. 경찰서에 고소해야 하나까지 생각하게 될 정도로 중대한 사안이었다. 결국 극적으로 며칠을 고생한 끝에 막상 만나보니 왜 연락 두절하고 자료도 안 주고 하는지 바쁘다는 핑계 정도인지 이해가 될 만한 특별한 이유도 없었다. 자료 대체가 되지 않는 상황이라 직접 만나서도 많은 우여곡절을 겪으면 해결했다. 학력, 이력 등은 믿을 만하다고 생각했기에 일을 맡기고 계약했지만, 믿을 만한 사람 찾는 것이 쉽지 않았다. 사람을 관리하는 일, 직원을 관리하면서 사업을 진행하기가 너무 어려운 것 같다. 경영자, 근로자, 거래처 임직원 등의 인적요소가 포함된 사업은 사람의 인성과 됨됨이 등 태도가 좋아야 한다. 사업은 태도가 중요하다. 좋은 사람과 일하는 것이 행복하고 복된 일이다.

창업기업의 경우, 아직 회사가 완전히 갖추어지지 않은 상태에서 우리 회사의 성장보다는 훨씬 큰일을 가지고 오는 것이 때로는 문제가 될 수 있다. 준비가 되지 않은 나의 상태를 모르고 나의 역량보다 더 많은 일을 하는 것은 무리가 되었던 것 같다. 처음에는 할 수 있을 것으로 생각하고 진행하지만, 실제 해보지 않았던 경험이었기에 생각보다 너무 힘들었다. 잠자는 시간, 사람 관리, 보고서, 매뉴얼 등 사업을 집행하고 해결하고 운영하는 데 있어서 큰 애로사항이 있었다. A부터 Z까지 준비하지 않고, 알아서 될 거라고 하는 마음으로 사업을 추진하는 것은 주의가 필요하다.

특히 국가사업은 1억 이상 큰 사업비를 주는 경우들도 있는데, 금액을 떠나서 사업 추진 시 내 돈이 아니라고 여기며, 청렴하고 결백한 사업 집행이 필요하다고 생각한다. 기존에 해왔었던 사업방식이 나라에서 준 매뉴얼하고 다른 상황이 발생할 경우가 있을 수 있다. 기존에 답습해 왔던 사업 운영 방식이 전체사업으로 봤을 때 매뉴얼이랑 같은지 다른지 파악하는 것이 필요하다. 사업 운영 시 감사 때문에 명확하게 해야 할 상황이 있었는데 기존의 틀로 괜찮다고 생각했던 부분이 보고할 때 문제의 소지가 있을 수 있었다. 손해를 보지 않기 위해 거짓 보고를 할까? 청렴, 결백하게 사실대로 보고해야 하나? 순간 고민할 정도로 중대한 사안이었다. 사업 초반에 큰 손해가 있다고 하더라도 거짓 보고로 사업의 취지를 훼손하고 싶지 않았다. 감사가 강화되어서 제대로 보고 해야 하는 부분들로 있다는 것을 인지하였고 청렴, 결백하게 사실 보고를 선택하여 예정된 손해를 오롯이 겪었다.

정부 사업은 창업비 많이 따오는 것도 중요하지만, 때로는 투명한 기업으로 감사와 같은 풍파에 문제없이 잘 견뎌내는 것도 중요하다. 투명한 기업이 살아남는다. 거짓 보고를 하지 않아서 원칙적으로는 큰 손해를 봤지만, 거짓 보고 했던 기업들이 어떻게 되는지 가까이에서 보았다. 좋은 태도를 선택했기에 살아남을 수 있었다. 정부 사업은 정책, 시스템의 변화 등을 매년 잘 파악해야 한다. 위기가 기회라는 말이 있는 것처럼 책임감과 진정성 때문에 이후에도 계속 똑같은 사업을 안정적으로 따낼 수 있었다. 실수하고 잘못하고 실패한 상황이라도 좋은 태도가 새로운 기회를 가져다줄 수도 있을지도 모른다.

기업 건강증진 컨설팅 회사, 웰니스랩

웰니스랩은 근로자 건강증진에 관련된 전문적 프로그램을 바탕으로 한 맞춤형 컨설팅을 제공하는 전문가로 이루어진 업체이며 설립 이후 부산 · 경남 · 울산 지역의 한국산업안전보건공단 사업장 건강증진 활동 비용지원 사업, 산업재해 · 과로사 예방 자체 개선 계획 컨설팅이나 근골격계 부담작업 유해요인 조사 및 사후관리, 직무스트레스 요인 조사 및 사후관리 등을 추진하였다.

웰니스랩은 ESG 건강친화경영 및 건강친화기업 인증 컨설팅, 근로자 건강증진활동 우수사업장 인증 컨설팅 등을 진행하고 있다. 웰니스랩은 실제 건강증진 결과를 바탕으로 현재는 전국 단위의 기업체와 관공서의 건강 관련 업무를 수행하는 업체로서 발돋움 중이며 각 지역의 관련 기업과의 MOU를 통해 전국 단위 사업장으로서 상호 계약한 기업·기관을 대상으로 웰니스랩만의 차별화된 맞춤형 건강증진 및 헬스케어 프로그램을 진행하고 있다.

현재 웰니스랩에서는 건강증진지수 평가법, 근골격계 및 뇌·심혈관 질환 예방 프로그램, 직무스트레스 및 수면 관리 프로그램, 절주, 금연, 운동, 영양 등 생활 습관 개선 프로그램, 기업 문화 및 행사 등 기업 근로자 맞춤형 건강증진 웰니스 프로그램과 생애주기별 맞춤형 건강 증진 프로그램인 개인과 단체 웰니스 프로그램을 운영 중이다.

더불어 다양한 기관이나 대학, 민간 센터와 적극적으로 연계하며, 생활스포츠지도사나 물리치료사, 건강운동관리사, 정신보건임상심리사, 인간공학기사, 의사와 간호사 등 검증된 국가공인 자격증이 있는 전문가들과 팀을 이뤄 건강증진 활동을 위한 맞춤형 토탈 헬스케어를 진행한다.

웰니스랩의 생애주기 건강증진은 근로자의 건강을 위한 건강증진을 최우선으로 하고, 돈을 벌 수 있는 근로자를 주요 대상층으로 설정했다. 기업 근로자 건강증진 또는 사업장 건강증진이라고 하는 게 사업의 키워드가 되어 '나는 근로자를 우선 건강하게 하겠다! 집에서 돈을 버는 사람이 우선 건강해야 하겠다' 라고 생각하게 되었다. 가장이 건강해지려면 어떻게 해야 할까를 고민하다가 회사가 근로자를 건강하게 만들어 주면 좋겠다고 생각하게 되었다. 그래서 나의 비즈니스 모델은 회사를 통해 근로자들이 건강해질 수 있는 사업이다.

  회사가 근로자가 건강하게 해줘야 하는 부분은 근로기준법과 산업안전보건법 등의 법령에 명시되어 있다. 이런 걸 하려고 했을 때 실제로 사업을 운영하는 사업주들은 법령안에서 해야 하는 일 만하다 보니 건강증진 사업이라는 부분에 대해서는 회사 안에서 진행하기가 쉽지 않다는 것을 깨닫게 되었다. 이러한 부분은 많은 회사를 돌아다니면서 깨닫게 되었다.

  사업 초반에는 국가사업을 통한 진행 말고는 우리 회사가 있어야 하는 회사들도 많이 없었는데, 남들이 아직 진입하지 못한 내용들이 다 보니까, 수요처가 생기기 시작했다. 영업을 따로 하지 않았는데, 한국산업안전보건공단 근로자건강증진 사업 추진이 출발이 되어 사업을 통해 알게 된 모기업-협력업체 추가 연계 프로그램 진행의 필요에 따라 기업별 자체 건강증진 프로그램 계약을 달성하였다. 나라에서 지원하는 비용 사업이 없어지면서 힘든 순간이 왔을 때, 감사하게도 산재, 과로사 등으로 건강증진 서비스가 필요로 하는 비용지원 사업 참여 기업 및 다양한 신규 기업과 자체 계약을 하게 되면서 새로운 자체 비즈니스 B to B 서비스를 하게 되면서 지금의 웰니스랩이 탄생할 수 있게 되었다. 덕분에 웰니스랩의 컨설팅 서비스를 받았던 수많은 기업이 한국산업안전보건공단 사업장 건강증진활동 우수사업장 인증을 받았다.

웰니스랩이 기획한 획기적인 근골격계 질환 예방 프로그램 및 수면 관리 프로그램 등 기업 맞춤형 건강증진 프로그램에 참여하였던 기업들이 최근 신설된 보건복지부와 한국건강증진개발원 건강친화기업 인증 사업에도 두각을 나타내었다. 건강친화기업은 직장 내 문화와 근무환경을 건강친화적으로 운영하는 기업에 정부 인증을 부여하는 제도이다. 건강친화기업 인증 기간은 3년이며, 심사는 건강친화경영, 건강친화문화, 건강친화활동, 직원만족도 4개 부문에서 진행된다. 건강친화기업 인증은 서류, 현장평가, 심의·의결 과정을 거쳐 최종 인증이 부여된다.

2021년 건강친화기업 인증 시범사업 선정된 전국 12개 기업 중 웰니스랩이 건강증진 컨설팅을 진행했던 2개의 기업이 보건복지부 장관상과 한국건강증진개발원 원장상을 수상하였고, 2022년 정규사업에서 전국 12개 수상 기업 중 웰니스랩이 건강증진 컨설팅을 진행했던 1개의 기업이 보건복지부 장관상을 받았다. 앞으로 건강친화경영, 건강친화기업이 필요하다. 일하는 곳곳마다 건강할 권리를 실현할 수 있도록 건강친화적인 기업 문화가 만들어졌으면 좋겠다. 근로자 누구나 건강하고 행복한 삶을 누릴 수 있도록 건강한 기업이 만들어져야 한다. 경영자의 건강이 사업력이다. 경영자와 근로자, 임직원의 건강이 기업의 생산력이자 경쟁력이다.

웰빙에서 웰니스로 헬스케어 혁신

우리 회사 같은 곳을 찾기 어렵다. 창직? 21세기는 남들이 하는 일을 똑같이 하면 살아남기 힘들다. 경쟁하지 말고, 나만의 창직이 필요하다. 쉽게 말해 틈새시장이 있다.
내가 제시하는 가치가 가격이다.

많은 사람이 창업을 준비한다고 하지만 창업보다는 기존에 있는 사업을 벤치마킹하는 카피에 불가하다. 그러면 결국 경쟁해야 하고 경쟁하게 되면 자신의 가치를 제대로 드러낼 수가 없다. 그렇기 때문에 창업을 준비하기 전에 내가 하고자 하는 일에 대해 시장이 형성되어 있는지, 내가 하고자 하는 일을 다른 곳에서 하고 있는지 파악해 보는 게 중요하다. 창업이란 기존의 있던 일이지만 사람들의 불편한 부분을 찾아내서 그것을 해결해 줄 수 있어야 한다.

건강에 대한 국민적 관심이 커지는 것! 코로나로 인해 삶의 영역에서 건강이 가장 중요한 요소가 되었다는 것! 웰빙으로 시작된 건강에 관한 관심이 웰니스(통합적인 건강)까지 이어지고 있는 걸 보면 건강 키워드는 앞으로 더 비전이 커졌으면 커졌지 결과 작아지지는 않을 것이다. 그리고 아직은 뇌·심혈관질환 예방, 근골격계질환 예방, 생활 습관 관리, 직무스트레스 관리, 수면 관리 등의 근로자 건강증진 분야를 사업장 맞춤형으로 컨설팅 및 기획하여 운영하는 회사가 많지 않다.

결국 창업을 준비하는 당신도 1인 기업을 넘어서 근로자를 고용하는 고용주가 될 것이기 때문에 EAP, 건강친화경영, 근로자건강증진, 기업웰니스 등 여러 가지 키워드로 회사에서 근로자를 건강하게 만들어 기업의 생산성을 증진하고자 하는 움직임이 필요할 것이다. 이것이 ESG 경영에 필요한 요소가 된다.

하고 싶은 일을 직업으로 만드는 방법

규모를 갖춰 놓고 사업을 시작하는 게 아니라 1인 기업으로 시작해서 규모가 커지면 직원을 고용하는 시스템으로 가야 한다.
철저하게 1인 기업으로 시작한 웰니스랩!

내가 잘할 수 있는 분야에 끈기 있게 할 수 있는 사업 아이템을 찾아야 할 것 같다. 기존의 시장에 나와 있는 것이라고 하더라도 내가 강점이 되고 특별할 수 있는 벤치마킹 + 자기의 강점을 적용한 세상에 없는 새로운 프로그램을 개발하고 아니면 차별성을 최대한 부각할 수 있는 강점을 나타내서 그런 장점이 있는 내가 대체되지 않는 사업 모델링이 있어야 여러 가지 시대의 변화에 풍파를 이겨낼 힘이 생긴다.

창업의 위기라는 것은 내가 감수해야 하는 부분도 있지만 시대의 흐름을 파악해서 확장하는 것도 필요하다. 내가 그 환경에서 잘할 수 있는 것을 파악하면서 시대의 흐름에 따라서 혁신과 변화, 흐름을 읽으면서 사업에 적용해야 한다.

남들이 하지 않는 것을 했을 때 의문 사항을 많이 가진다. 그런데도 내가 이것을 명확하게 선택한 이유, 목표 의식 없이 그냥 돈을 벌겠다만 정하면 견뎌내기가 힘들다. 어려운 환경일 때 직원월급을 주기 위해 사업하는 느낌이 있을 때도 있었다. 이걸 깨트릴 수 있었던 이유는 내가 가고자 하는 길에 이 사람들이 원동력이 되었다고 의미 부여를 했기 때문이다. 이러한 의미 부여를 하지 않았더라면, 더욱더 힘들었을 것이다. 혼자라면 할 수 없었던 일, 도약하기 위해 협력이 중요하다!

사업을 진행하면서 힘든 순간과 기쁜 순간을 함께해 준 가족과 친지, 친구들, 가까운 지인들이 있었다. 초기 창업부터 현재까지 오면서 여러분의 교수님을 비롯하여 개인의 성장과 회사의 성장에 도움을 준 많은 분이 있었다. 사하창업비즈니스센터, 위대한 경영자, 포스트맨 등 다양한 커뮤니티에서 많은 경영자분들 만나면서 다양한 인사이트를 배우며, 경영과 사람의 중요성을 더욱 깨닫는 중이다. 사업에 있어 행복의 개념, 경영의 철학, 자기 경영, 개인과 회사의 비전 체계를 세우고, 시스템을 정립하는 과정이 중요하다고 생각한다.

나는 개인 비전 체계는 '모든 사람이 건강함을 누리는 사회에 기여하는 삶을 살고 싶다.' 라는 것이다. 근로자 건강증진으로 출발한 생애주기 건강증진 사업을 내가 가장 잘할 수 있을 것 같았다. 어떻게 하면 내가 좋아하고 하고 싶은 일은 더 잘할 수 있을까? 현재도 매일매일 고군분투하고 있고, 앞으로도 성장하고 발전해 나가고자 한다.

내가 하고 싶은 일, 잘할 수 있는 일도 사업은 쉽지 않고, 만약 하고 싶은 일, 잘할 수 있는 일이 아니라면 성공하기 더 어려울 수밖에 없을 것이다. '사업하기 전에 사업을 왜 하고자 하는지? 이 사업이 나에게 어떤 의미가 있는지? 이 사업이 나에게 어떤 위기를 가져올 수 있는지?' 다양한 물음을 스스로 던지면서 깊이 있게 고민하는 것이 필요하다. 사업 시작하려 한다면, 사업 시작하기 전에 먼저 '자신을 설득할 수 있나?' 자문해 보자.

내가 가장 잘하는 것, 그것을 지속하는 방법과 이유를 잘 정리해서 해보자!

- 내가 하고 싶은 일을 직업으로 만드는 방법
- 하고 싶기도 하면서 잘하는 분야 창직

사람마다 일을 통해서 보람과 행복을 찾기 위한 방법을 찾는 것이 창직이다. 웰니스랩 박소영의 찾아가는 기업 건강증진 서비스는 대표적인 창직의 사례이다. 창직을 통해 내가 하고 싶은 일을 하면서 이웃과 사회를 위해서 가치 있는 일을 할 수도 있다. 요즘 '평생 뭐하고 살래?' 라고 물으면서, 사람 중심의 ' 창직이 미래이고, 답이다 '라고, 이야기하기도 한다. 웰니스랩의 찾아가는 기업 건강증진 서비스 창직 사례가 창업 나아가 창직하고자 하는 분들과 새로운 통찰력이 필요한 많은 분께 도움이 되길 바란다.

"창업하지 말고 창직하라!"

| 에필로그 |

　책이 주는 유익함은 간접 경험을 통한 배움, 시행착오 줄임, 시간 절약 등이다. 공동 저서의 장점은 여러 사람의 경험과 다양한 사례를 한 권의 책으로 만나볼 수 있다는 것이다. 우리가 걸어온 길과 경험이 우리의 길을 가려는 분들에게 도움이 되고 빛이 되리라 생각한다. 우리는 있는 그대로 생생한 내용들을 통해 현실적인 도움을 주고자 했다.

　책 쓰기에 처음이신 작가님들이 많아 우리의 경험을 효과적으로 전달한다는 목표를 이루기 위해 중간중간 어려움이 있었다. 생각과 배움을 누군가에게 생생히 전달하고, 글이라는 메시지로 담는 일이 어려움 일임을 누구보다 잘 알기에 응원과 용기를 주려고 노력했다. 우리의 이야기기는 서로를 믿어주고 기다려 주며 포기하지 않았기에 결국 책이라는 결과물이 되었다.

　바쁜 일상에도 소중한 마음과 시간을 내어준 작가님들에게 이 자리를 통해 깊은 감사의 인사를 전한다. 한 권의 책이 나오기까지의 수고로움을 알기에 아낌없는 칭찬과 격려도 함께 한다. 소중한 경험을 용기 있게 나누어준 황정현 김태진 박노학 조경순 허안나 전병천 김미나 민금희 주효진 이여명 이은미 최혜경 박소영 작가님과 함께 출판의 기쁨을 나눈다.

　우리의 프로젝트에 출판 전반의 진행을 도와주신 서연하 작가님께 감사를 전한다. 아울러 책 출판을 도와주신 도서출판 등 유정숙 대표님과 출판 관계자분들께도 고마운 마음을 전한다. 마지막으로 우리의 책을 봐주신 독자분들께도 감사 인사를 전한다.

　이 땅의 모두가 자신만의 멋진 창업과 브랜드로 세상을 이롭게 하고 사람들을 행복하게 하길 바라면서 이 책을 마무리한다.

총괄기획 진행 우경하

당신이 이 거대한 세상의 진정한 주인입니다

나연구소는 우리 모두가 내 인생의 주인으로 살아가는 세상을 꿈꿉니다. 우리 인생에는 다양한 가치가 있지만 가장 중요한 것은 진짜 나로 살아가는 것이라고 생각합니다. 진짜 나로 살아간다는 것은 내 마음의 소리를 들으며 내가 원하는 인생을 살아가는 것입니다.

과거의 저 또한 인생을 열심히 살았지만 어느 순간 행복하지 않은 내 모습을 만나고 힘이 들었습니다. 보고 듣고 배운 대로 착하게 살았지만 내 인생은 제가 원하는 모습이 아니었습니다. 덕분에 나 공부와 인생 공부를 하게 되었고 그 원인이 진짜 나로 살지 못했기 때문이라는 것을 알게 되었습니다.

나연구소는 나를 몰라 힘들었던 결핍과 나를 알기 위해 했던 수많은 질문, 마음 관찰, 글쓰기라는 경험에서 탄생했습니다. 제 안에서 나연구소라는 이름을 만난 것은 저에게 매우 놀라운 일이며 사명과 운명이라고 느꼈습니다.

인생을 살면서 배운 많은 것 중 하나는 시간은 유한하고 우리는 무한하다는 것입니다, 우리에게는 죽음이라는 가장 큰 신의 선물이 있습니다. 죽음이 있기에 살아있는 지금 이 순간이 너무도 감사하고 소중합니다. 사람의 능력은 스스로 한계를 정하지 않는 한 무한합니다. 우리 인생의 놀라운 신비는 우리의 생각과 행동이 모든 것을 창조한다는 것입니다. 그리고 존재하는 모든 것은 우리를 위해 존재합니다.

나연구소를 통해서 모두가 내 인생의 주인이 되길 원합니다. 진정으로 하고 싶은 일을 하면서 자신 있고 재미있게, 내일 죽어도 후회 없이 세상을 살아갔으면 하는 바람입니다. 모두의 성취와 이해를 넘어선 평화를 원합니다.

언제나 여러분이 가장 소중합니다. 나연구소 우경하대표